Diktator unerwünscht

Bernd Willing

Diktator unerwünscht

Spuren eines rätselhaften Nachrichten-dienstes des 3.Reiches

Bibliografische Information der Deutschen Nationalbibliothek:
Die Deutsche Nationalbibliothek verzeichnet diese Publikation in
der Deutschen Nationalbibliografie; detaillierte bibliografische
Daten sind im Internet über dnb.dnb.de abrufbar.

Textrekonstruktion, alle Bilder: Dr.Willing, Bernd

Herstellung und Verlag BoD

Books on Demand Norderstedt

ISBN 9783732254750

Inhaltsverzeichnis

Vorwort zur Printausgabe

Es war zur Jahrtausendwende, als völlig unerwartet Relikte aus dem 3.Reich, insbesondere technisches Laborgerät, Bücher und einiges Schriftgut ans Tageslicht kamen. Ihre Herkunft konnte geklärt werden. Die aufgefundene Technik fand bald in einer Ausstellung den Weg in die Öffentlichkeit. Aber das Schriftgut gab Rätsel auf. Der Inhalt passte nicht in seine Zeit. US-angelehnte Ansätze und Konzepte zur Leistungssteigerung im und vor allem nach dem Kriege waren in keiner Weise mit der nationalsozialistischen Politik in Einklang zu bringen, zumal die Urheber einer später als verbrecherisch eingestuften Organisation angehörten und nun sogar angenommen werden muss, dass bei der mühsamen Verbergung des Fundgutes unliebsame Mitwisser beseitigt wurden. Und so fand der sensationelle Fund weder Eingang in die Abenteuer-Filmindustrie, noch in die deutschen Medien. In der BRD war demokratisches Denken in einer solchen Organisation nicht vermittelbar. Die Recherchen zum Hintergrund der Verbergungsaktion sind noch nicht restlos abgeschlossen. Aber fast alle Zeitzeugen sind heute verstorben. Nur über neue Funde wären weitere Erkenntnisse zu gewinnen.

Das originale Schriftgut ist längst vergangen. Teile seines Inhalts wurden unter erheblichen Mühen und ohne Garantie auf Richtigkeit aufgezeichnet und damit der Nachwelt bewahrt. Eine Auswertung war schon kurz nach dem Fund allen Beteiligten an der Bergungsaktion verfügbar, nahm aber auch seltsame Wege.

Mehr als 70 Jahre nach der Erstellung der amtlichen Dokumente und 20 Jahre nach der Wiederentdeckung ist es Zeit für eine gedruckte Darstellung der Ereignisse und Erkenntnisse.

Der wissenschaftlich interessierte Leser mag sich selbst ein Urteil bilden, ob demokratisch durchwirkte Methoden der Leistungssteigerung und fair play bei der Wissensbeschaffung in der damaligen Hitlerdiktatur überhaupt die Spur einer Chance gehabt hätten, so lange der Diktator an der Macht war. Die aufgefundenen Konzepte, insbesondere zu einem eigenen Nachrichtendienst in dieser Organisation, erfolgten zwar klar im dienstlichen Auftrag, aber sicher nicht bis in solche Dimensionen. Durfte man, wie in damaligen wissenschaftlichen Kreisen nicht selten, auf eine Ausschaltung des Diktators hoffen? Zogen vielleicht sogar ganz andere die Fäden?

Bernd Willing   im Jahre 2019

Einleitung

Hauptmotiv einer jeden Berufstätigkeit ist wohl in der Regel neben einem geregelten Einkommen der Wunsch nach Erfolg und Anerkennung. Das gilt auch für die Tätigkeit in Diktaturen. Gleichwohl, ob Förderer, Mitläufer oder sogar Gegner solcher Staaten, ist man geneigt, für Erfolg und Anerkennung gute Arbeit zu leisten, entweder aus Überzeugung oder zur Vermeidung von Unannehmlichkeiten für sich und seine Familie. Insbesondere die technisch-wissenschaftliche und Ingenieurtätigkeit wird oft als unpolitisch dargestellt. Es gibt aber auch für diese Tätigkeit klare ethisch-moralische Grenzen, von welchen Betroffene oft erst nach dem Untergang der Diktaturen mühsam überzeugt werden müssen. Dies gilt nicht nur für das 3. Reich allein. Die Antwort "Ich war der festen Überzeugung, richtig zu handeln" hörte man nach der Wende auch von DDR-Wissenschaftlern. Trotzdem sind die beiden Systeme nicht vergleichbar. Die Untaten des 3. Reiches waren einmalig und sie waren schon damals hinreichend bekannt. Wissenschaftler und Ingenieure waren in dieser Zeit allerdings oft genötigt, kompromittierende Verbindungen mit der Nazipartei und der SS einzugehen, um ihre Arbeit fortsetzen zu dürfen. Andernfalls drohte der Fronteinsatz, in den letzten Kriegsjahren oft gleichbedeutend mit Tod oder Gefangenschaft. Wie weit sie in ihrer Arbeit gingen, war aber stets eine individuelle Entscheidung. Allein, eine Diktatur gestützt zu haben, ist als Vorwurf ungeeignet, denn das haben die meisten DDR-Bürger, darunter der Autor, auch getan. Als sich die Niederlage des NS-Systems ankündigte, setzte oft ein krasser Wandel im Handeln ein, bis hin zur direkten Anbiederung an die Alliierten. Hier ging es schon nicht mehr nur ums reine Überleben, sondern ums gute Überleben. Von Moral war nie die Rede.
Nach der Kapitulation war dieser Personenkreis bei den Alliierten sehr gefragt. Eine politische Karriere bildete dabei keinen Hinderungsgrund. Wernher von Braun war SS-Offizier, der seine Uniform gern getragen haben soll. Ein Spezialist für Ra-

ketenmotoren konnte trotz seiner Zugehörigkeit zur Waffen-SS in französische Dienste treten. Deutsche Luftfahrtmediziner, die während des Krieges für grausame Experimente an Häftlingen verantwortlich waren, werden angeblich heute noch in den USA als Pioniere ihres Fachs geehrt. Beweismittel sind allerdings rar geworden. Was von den Betroffenen nicht rechtzeitig vernichtet werden konnte, fiel den Alliierten in die Hände und verschwand zumeist in unbekannten Archiven. Allerdings wurde dadurch auch eine Entlastung Betroffener erschwert. Der unerwartete Fund sorgsam verborgener Unterlagen aus dieser Zeit erlangt deshalb umso größere Bedeutung, weil er auch Handlungsmotive preisgibt. Heute in der Bundesrepublik geehrte Widerständler des 20.Juli waren bekanntlich keineswegs die Wegbereiter eines demokratischen Deutschland. Aber es gab möglicherweise im Verborgenen noch ganz andere, unbekannte Pläne. War es ehrliche Überzeugung, wenn jemand, nachdem er die sich anbahnende Katastrophe klar erkannt und benannt hatte, zwar am NS-Staat festhalten, aber diesen offenbar nach amerikanischem Vorbild zum Zweck der Leistungssteigerung "demokratisieren" wollte, um einer Nachkriegszeit mit friedlichem Wettbewerb entgegen zu sehen? Erstmals konnten dem Material schriftlich niedergelegte persönliche Meinungen und Einstellungen entnommen werden, die sonst oft als reine Schutzbehauptungen abgetan wurden. Eine Publikation ist deshalb von allgemeinem öffentlichem Interesse. Die wissenschaftlich-technische Sachlichkeit in den Konzepten ist untypisch und hätte deren Gebrauch auch in demokratischen Systemen erlaubt. Die Texte stellen bemerkenswerte Schwächen einer Marktwirtschaft, insbesondere die Ressourcenverschwendung durch Parallelarbeit und mangelnde Standardisierung, bloß und zeigen überraschende Lösungswege auf, die nichts an Aktualität eingebüßt haben. Einige bemerkenswerte Stellen wurden vom Autor durch Fettdruck hervorgehoben. Für die Richtigkeit der rekonstruierten Texte kann keine Garantie übernommen werden. Sie sind als rein informativ zu betrachten. Namen beteiligter Personen werden in diesem Buch auch aus rechtlichen Gründen nicht genannt. Kritik an der Gestaltung des Buches ist vom Autor ausdrücklich erwünscht. Der Autor hat sich bemüht, der politischen Korrektheit zu genügen. Mit einer Ausnahme: Er hat sich erlaubt, ein höchst unbequemes Thema anzuschneiden.

Teil 1: Der Fund im Gemüsebeet

1. Erfolg und Enttäuschung

Einige Jahre nach der Wende in Mitteldeutschland rief ein Herr aus einem Nachbarort an und erzählte, dass auf seinem Grundstück schon vor Jahren bei Baggerarbeiten für seine Kläranlage etwas zum Vorschein gekommen wäre, was doch bitte schön einmal angesehen werden möchte. Er hatte sich in der DDR nicht gewagt, mit jemandem über diese Angelegenheit zu reden. Der Staatssicherheitsdienst hätte davon erfahren, in der Regel zur Einschüchterung zunächst einmal den Vorwurf der Unterschlagung von staatswichtigem Material oder gar verbotenen Gegenständen erhoben und das gesamte Grundstück vielleicht in eine Kraterlandschaft verwandelt. Der Herr hatte dann einen Zeitungsartikel über ehrenamtliche Geschichtsforschung gelesen und Vertrauen geschöpft. Wunschgemäß wurde er aufgesucht und der Fund angesehen. Leider gab es damals weder eine Erklärung noch eine Verwendung für altes Werkzeug und antiquiertes elektrotechnisches Gerät unbekannter Herkunft. Bei dieser Gelegenheit konnte aber erstmals auch sehr sorgfältig der Fundort untersucht werden. Im angrenzenden Erdbeerbeet steckte ein unbekanntes, größeres Objekt. Es wurde beschlossen, den Dingen nach der Erdbeerernte gemeinsam auf den Grund zu gehen. Aber, wie so oft, blieb es beim Vorsatz. Erst an der Schwelle zum neuen Jahrtausend wurde das Vorhaben, nun von einem, an alter Technik interessierten Team, in die Tat umgesetzt. Zwischenzeitlich war jedoch das Erdreich rings um den Sickerschacht der benachbarten Kläranlage, die damals in der ländlichen Gegend noch nicht an ein Kanalnetz angeschlossen werden konnte, stark mit Abwasser getränkt. Ein Vorgang, der sich, wie sich später herausstellte, sehr verhängnisvoll auswirken sollte.
Statt der Erdbeeren wuchs im Herbst 1999 Grünkohl auf je-

nem Beet, in welchem damals das unbekannte Objekt lokalisiert worden war. Über fünf Jahrzehnte hatte man den Boden bearbeitet und bestellt, ohne die Unregelmäßigkeit zu bemerken. Nun stieß das Grabungsteam in einiger Tiefe auf die Oberkante eines metallischen Gegenstands, der sich als erste verzinkte und einst sogar luftdicht verschlossene Stahlblechkiste erwies. Beim Anheben der Kiste stellte sich jedoch heraus, dass das aggressive Abwasser bereits gründlich sein Zerstörungswerk getan hatte. An verschiedenen Stellen war das Blech trotz der äußeren Verzinkung völlig korrodiert. Graubraunes Wasser quoll strahlenförmig aus mehreren, teilweise fingernagelgroßen Löchern heraus. Unter den strengen Blicken eines Kampfmittel-Spezialisten öffnete der Hausherr selbst die beiden, nicht mit einem Schloss gesicherten Schnappverschlüsse und klappte den Deckel vorsichtig auf. Der erste Eindruck beim Blick in die Kiste war in jeder Beziehung enttäuschend. In einer übelriechenden und alle Gegenstände überziehenden, mehrere Millimeter dicken Schlammschicht ließen sich die Umrisse von zahlreichen Büchern und eines Karteikastens nur noch erahnen. Alle Gegenstände waren bis zur Unförmigkeit verquollen, miteinander verklebt und nur unter Zuhilfenahme eines stabilen Werkzeugs voneinander zu trennen. Der Hausherr trat seine Rechte an diesem Fund ab. Auch das Museum zeigte kein Interesse. Da niemand diesen übelriechenden Behälter haben wollte, erhielt der ursprüngliche Entdecker die undankbare Aufgabe, die Fundsache zu übernehmen und den Inhalt zu analysieren:

Behältnis:

Militärische Standard- Stahlblechkiste mit nach oben öffnendem, gummigedichtetem Deckel, Deckelstützen, zwei Schnappverschlüssen, zwei seitlichen Handgriffen. Prägestempel der Waffengattung in der Mitte der Deckelinnenseite. Farbreste einer von Hand ausgeführten Beschriftung auf der Deckelaußenseite.

Inhalt:

Ein offener Karteikasten aus Holz mit Karteikarten und zwei hölzernen Zwischenkeilen, diverse Bücher, ein Aktenordner A4, Schriftgut im Format A4, drei kleine Jahreskalender in Notizbuchgröße, diverse persönliche Gegenstände.
Der Inhalt ist stark durchfeuchtet und mit einer braunen, schmierigen Schicht überzogen. Bei der durch Korrosionsschäden im Seiten- und Bodenbereich der Kiste eingetretenen Flüssigkeit, handelt es sich nicht um Grundwasser, sondern um aufgebrachte Gülle und Abwasser aus der dem Fundort benachbarten Klärgrube, da allen Gegenständen ein penetranter Geruch anhaftet. Auch die starke Korrosion der verzinkten Kistenwand deutet auf die Wirkung einer aggressiven Flüssigkeit hin. Dieser durchdringende Geruch sowie der starke Verschmutzungsgrad erschweren eine Auswertung und Einlagerung des Materials erheblich. Zur Identifikation und Vorbereitung weiterer Schritte erfolgte eine, mit erheblichem Substanzverlust einher gehende, Grobzerlegung des Inhalts.

Abb. 1 Das Beet neben der Kläranlage

Abb.2 Die Kiste Nr.72 nach der Bergung

Beschreibung der Einzelobjekte:

Der Karteikasten

Der Karteikasten ist etwa 60 cm lang und enthält Karteikarten der Größe A6. Die Dicke der einzelnen Karten beträgt im gegenwärtigen gequollenen Zustand ca. 0,3 mm, so dass nach Abzug der Holzkeile von einer Gesamtzahl von etwa 1200 bis 1500 Karten ausgegangen werden kann. Die Karten sind miteinander verklebt und nur schwer zu trennen. Sie enthalten im Einzelnen folgende Angaben: Verfasser, DK- Nr., Titel, Verlag, Seiten, Abb., Anhang, Bemerkungen, Verbleib. Ein geringer Anteil des Bestandes wurde ausgeliehen. Im Februar 1945 erfolgten die letzten Eintragungen. Eine freigelegte Karteikarte ist eine von einer Buchhandlung unerledigt zurückgeschickte Bestellkarte mit Datum, Stempel und Verteilerschlüssel der bestellten Literatur. Der Zustand der Karten ist als mäßig zu bezeichnen. Sie sind zwar miteinander verklebt, jedoch nach der mechanischen Trennung zumindest im beschriebenen Oberteil lesbar und können kopiert oder abgeschrieben werden. Eine Konservierung wäre mit geringem Aufwand möglich.

Abb.3 Der Karteikasten mit einem Teil der Karten

Abb.4 Ein Blick auf den Inhalt der Kiste nach der Entnahme
    des Karteikastens

Diverse Bücher

Etwa zwei Drittel des Kistenvolumens sind mit Büchern unterschiedlicher Größe und Seitenzahl ausgefüllt, welche miteinander verklebt und daher nicht genau zählbar sind. Es scheint sich um noch nicht registriertes Material zu handeln, da in den untersuchten Exemplaren keinerlei Stempel oder Eintragungen erkennbar sind. Identifiziert wurden 4 Exemplare des "radio-engineers handbook" von 1943, mehrere mathematische, stoff- und regelungstechnische Fachbücher, ein Buch über die Holzwirtschaft des Ostraumes, ein kleines Kartenwerk über die Sowjetunion sowie einige Exemplare aus der Reihe Flugfunkwesen. Weiterhin wurde ein Gemeindeverzeichnis aus dem Jahre 1939, aktualisiert 1944, in der Größe A4, festgestellt. Mit ihm verklebt ist ein bautechnisches Handbuch gleichen Formats. Der Zustand der Bücher ist sehr schlecht. Manche Exemplare bestehen nur noch aus Papierbrei und zerfallen bei der ersten Berührung. Einige Bücher zeigen eine von innen heraus entwickelte Blaufärbung der Seiten. Eine Erhaltung des Materials ist nicht ratsam.

Ordner A4

Ein zuunterst liegender, völlig zerfallener Ordner enthält eine sehr umfangreiche und sehr detaillierte Dezimal- Klassifikation.

Schriftgut im Format A4

Ein größerer Teil des weiteren A4- Materials besteht aus einer Auflistung von Firmen und Bibliotheken aus dem anglo-amerikanischen Raum. Ihnen sind anscheinend die in einigen Exemplaren vorgefundenen losen Karteikarten mit Quellen- und Kurzinhaltsangaben zuzuordnen. Bei den losen Karteikarten und einer anscheinend aus einem Forschungsbericht über die Ausbreitung von Funkwellen stammenden grafischen Darstellung scheint es sich um noch nicht in den Bestand einsortiertes Material zu handeln. Eine Eintragung im Schriftkopf des Formblattes für eine Grafik gibt möglicherweise einen Hinweis auf den Eigentümer der Kiste. Dem übrigen Material sind an den jeweils freigelegten Trennstellen Hinweise auf Manuskripte, bruchstückhaft Angaben über die Auswertung eines amerikanischen Versuchs zum Problem "Intelligenzleistung und Vererbung" sowie ein   sehr modern wirkendes Formblatt zur "Einschätzung von Mitarbeitern eines Konstruktionsbüros" zu entnehmen. Persönliches Schriftgut enthält Anträge und Kündigungsschreiben sowie Notizzettel mit Bemerkungen in unterschiedlicher Handschrift.   Der Zustand des Papiers ist sehr schlecht. Es ist brüchig, verfärbt sich an der Luft braun und wird schnell unlesbar. Die Seiten sind kaum zu trennen. Ein Kopieren ist aufgrund der schmierigen Anhaftungen nur in wenigen Ausnahmen möglich. Ein Erhalt wäre nur als getrockneter Block sinnvoll.

Notizbücher bzw. Jahreskalender

Ein auf dem Einband mit den in Goldschrift aufgebrachten Initialen GE. General Electric, versehener, englischsprachiger Kalender von 1938, enthält auf den Anfangsseiten, im Monat Januar, diverse Eintragungen in englischer Sprache mit roter Tinte. Bei den noch lesbaren Eintragungen handelt es sich um Größenangaben, anscheinend für Bekleidung und Schuhwerk des ursprünglichen Inhabers. Die folgenden Seiten wurden in Deutsch mit Bleistift weitergeführt. Verschiedene Abfahrzeiten von Zügen weisen auf Reiseaktivitäten in Deutschland hin. Eine sehr kleine Handskizze zeigt eine Rhombusantenne mit Einspeisung und technischen Bemerkungen. Drei lose einliegende Fahr- oder Eintrittskarten aus New York tragen die Aufschrift "Wenzels Park". Ein ähnlicher englischsprachiger Kalender ohne Initialen enthält die Eintragung: "Prof. Kreuz angemeldet.". Die Datumsangabe weist auf einen längeren Amerikaaufenthalt des Eintragenden hin oder auf eine, bei Bibliothekaren verbreitete, dem Englischen ähnliche Schreibweise. Ein drittes Kalender- Exemplar ist leider nicht mehr auswertbar, da sich das Papier schon vollständig zu einer breiigen Masse verformt hat. Der Zustand der Kalender ist schlecht. Das Papier färbt sich an der Luft dunkel. Eine weitere Erschließung und ein Erhalt wären nur mit großem Aufwand möglich.

Persönliche Gegenstände

Folgende Gegenstände befanden sich im Bereich einer aufgeplatzten, blauen Folienhülle (Sanitärtasche oder ähnliches) und eines zerfallenen Stoffbeutels: ein Messer, Griff versilbert, Klinge rostfrei, eine Gabel, versilbert, ein Teelöffel, rostfreies Material, ein Kamm, eine Zahnbürste, eine Tube Zahncreme, ein Nassrasierapparat, ein Stück weißer Seife, eine Haar- oder Kleiderbürste, ein Handspiegel mit Griff, ein kleines Stahl-Bandmaß, eine Mehrfarben- Signaltaschenlampe, Schreibzeug, bestehend aus Federhalter mit Stahlfeder, Bleistifte, Farbstifte, Radiergummi.

Abb.5 Diverse persönliche Gegenstände
Die Fotos wurden unter ungünstigen Umständen aufgenommen
und konnten nicht wiederholt werden.

Erste Gesamteinschätzung

Kartei und umfangreiches Klassifikationsmaterial einer ehemaligen wissenschaftlichen Bibliothek. Zahlreiche noch nicht registrierte Buchexemplare. Einzelne Forschungsberichte und einzelne Karteikarten für eine weitere Kartei. Notizen in verschiedener Handschrift. Diverse persönliche Gegenstände.
Bei dem aufgefundenen Objekt scheint es sich um die letzte Kiste einer aufgelösten und verpackten Bibliothek zu handeln. Der Leiter oder Bibliothekar hat anscheinend seinen eigenen Schreibtischinhalt der Kiste beigefügt. Da persönliche Gegenstände, wie Schreibzeug, Seife und Zahnbürste, enthalten sind, der große Löffel jedoch fehlt, war anscheinend nur eine Verlegung, nicht aber ein Vergraben über einen längeren Zeitraum, geplant. Die Kiste birgt ein wichtiges Zeitdokument und trotz ihres schlechten Zustands den Schlüssel zum Gesamtbestand einer ehemaligen Informationseinrichtung des 3. Reiches. Auf Grund des Zustands sollte nur die Kartei gesichert und der restliche Inhalt der Kiste getrocknet und unrestauriert als Zeitdokument für museale Zwecke erhalten werden.

2. Guter Rat ist teuer

Mit einem Spaten wurden der ursprünglich etwa 30 Zentimeter hohe Stapel alter A4-Mappen und die Reste des Karteikastens aus dem klebrigen Kisteninhalt herausgestochen. Der Zustand der Unterlagen war erbärmlich. Die Schlammschicht war zwar zwischenzeitlich abgefallen, aber das Papier, stark durchfeuchtet, angefault und nach dem Ablaufen der Flüssigkeit auch angeschimmelt, roch stark nach Gülle. Einige Ordner bestanden nur noch aus Papierbrei und zerfielen schon bei der ersten Berührung. Die wenigen sichtbaren und noch lesbaren Schriftstücke gaben zunächst keine Hinweise auf ihre Herkunft. Im Schriftfeld eines Diagramms fand sich die Eintragung einer führenden Institution des Dritten Reichs, die aber hier in

Sachsen- Anhalt nicht ansässig war. Für die lokale Geschichtsforschung schienen die Unterlagen also wertlos zu sein. Nun war guter Rat teuer. Einfrieren in einer Kühltruhe oder Trocknung in einem Lagerraum schieden aus, denn diese Einrichtungen hätten aus hygienischen Gründen später nie wieder für ihren ursprünglichen Zweck benutzt werden können. Was tun mit dem übel riechenden, wahrscheinlich sogar infektösen Material? Die örtlichen Bibliotheken konnten nicht weiterhelfen. denn die ihnen zur Verfügung stehenden Mittel reichten nicht einmal zur Sicherung des eigenen Buchbestands. Eine Firma in Leipzig trocknete im Gefrierverfahren Papier zum Kilopreis von 15 DM, aber wer sollte das bezahlen? Das Regierungspräsidium machte die Bereitstellung von Fördermitteln vom Nachweis einer besonderen Bedeutung für das Land abhängig, die es aber in diesem Fall nicht gab. Im Bundesarchiv konnte zumindest die Herkunft geklärt werden. Die genannte Institution hatte einst ihren Standort in Trebbin im Land Brandenburg. Das dortige Landesarchiv verfügt jedoch über keine diesbezüglichen Bestände und konnte keine Auskunft geben. Nach dem Bundesarchivgesetz müssen in Privatbesitz befindliche amtliche Unterlagen dem Archiv ausgehändigt werden, das die Empfängerprovenienz besitzt. Aber was tun, wenn diese Provenienz auf Grund des schlechten Zustands nicht feststellbar ist? Man wünschte ein Probeexemplar. Allerdings sei ein in den Unterlagen mehrfach erscheinender Dienstgrad viel zu niedrig, um wirklich für das Archiv interessant zu sein. Lediglich an eventuell enthaltenen Einsatzbefehlen oder Ähnlichem wäre man interessiert. Feuchtes, brüchiges, übelriechendes Papier lässt sich aber nicht verschicken. Und welches Archiv verfügt schon über eine Isolierstation? Am Jahresende zum neuen Jahrtausend arbeitet außerdem sowieso kein Labor. Das Material blieb deshalb in angemessenem Abstand an der freien Luft liegen, zerfiel und begann zu schimmeln. Da irgendetwas geschehen musste, wurden unter Verwendung von Gummihandschuhen und Mundschutz die klebrigen Seiten unter Totalverlust gewaltsam getrennt und die Reste scheibchenweise abgeschabt. Die dünnen Ordner erwiesen sich dabei als äußerst aufschlussreich. Was diese Seiten bruchstückweise preisgaben, gehörte nicht in irgendein staubiges Archiv. Die Unterlagen gaben Einblicke in nahezu unbekannte Probleme der Kriegsproduktion. Sie gaben Hinweise auf das Leben und die Arbeit von Wissenschaftlern in den letzten Kriegsjahren, die selbst in der Zeit des totalen Krieges eine Meinung vertraten, welche eigentlich in keiner Weise mehr zum Bild dieser Zeit und der Institution, der sie angehörten, passte.

Die Wissenschaftler weilen längst nicht mehr unter den Lebenden. Sie können heute keine Erklärung über ihr Verhalten und ihren persönlichen Anteil an dem inneramtlichen Schriftgut geben. Auch etwaige Hinterbliebene könnten bei dieser Zuordnung kaum helfen, denn oft kam in ähnlichen Situationen die Antwort, dass der Vater nie über solche Dinge geredet hätte. Es ist nur zu hoffen, dass ein in Einzelfällen gezeigtes auffälliges Schweigen nicht in der Furcht vor der Aufdeckung damals begangener Verbrechen begründet liegt.

Auf Grund des schlechten Zustands der Unterlagen war nur ein kleiner Teil auswertbar. Teilweise musste die Schrift sogar von der Rückseite her entziffert werden. Eine exakte chronologische Aufeinanderfolge ließ sich nicht realisieren, weil Datumsangaben und Seitennummern, in der Regel entweder oben oder unten in der Nähe des Papierrandes geschrieben, mehrheitlich schon Fäulnis und Moder zum Opfer gefallen waren.

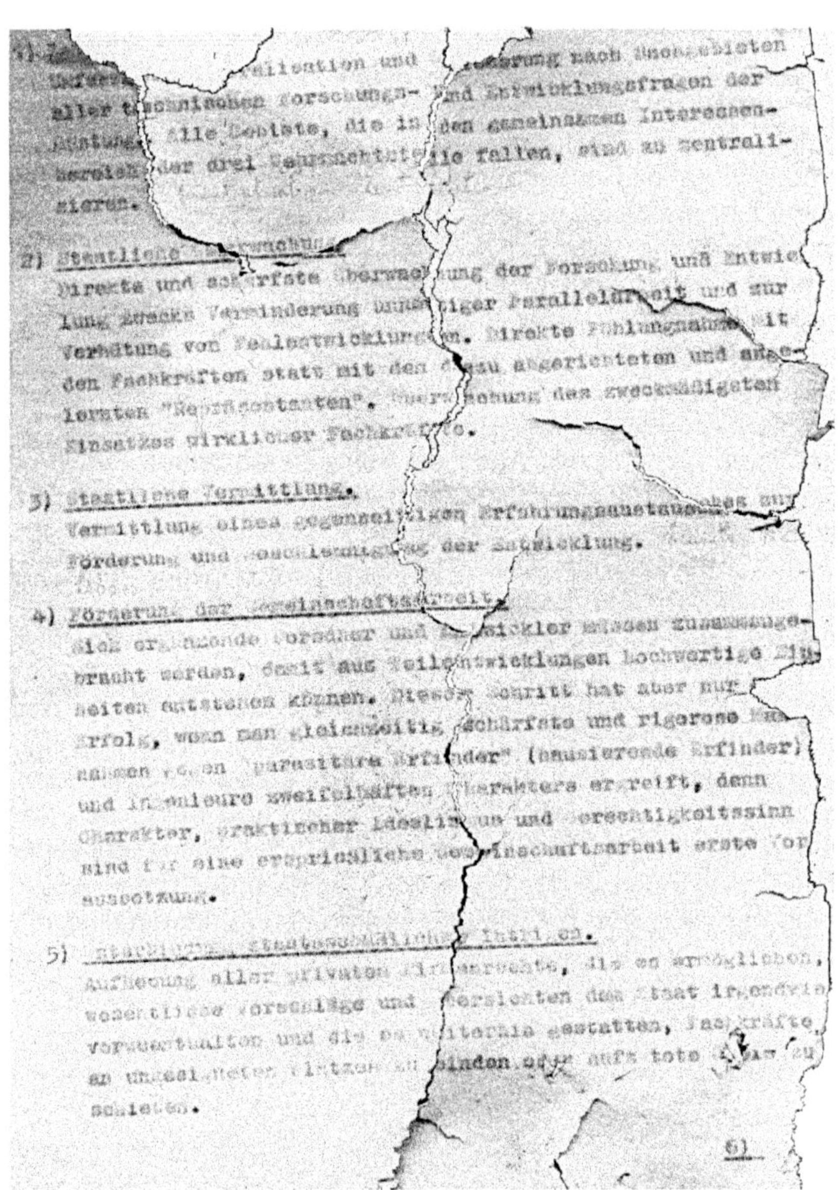

Abb.6 Das Papier zerfällt sofort an der Luft

Teil 2: Der Blick in die Vergangenheit

1. Unbequeme Mitarbeiter

Deutschland befindet sich im Kriegszustand. Wohl kaum ein Abschnitt deutscher Geschichte wurde intensiver dokumentiert, analysiert und publiziert. Noch geht es an den Fronten vorwärts. Noch herrscht in den Führungsetagen ein ungezügelter Überheblichkeitsdusel. Der kämpfenden Truppe im Felde und den Produktionsarbeitern an der Heimatfront wird buchstäblich das Letzte abverlangt. In den staatlichen und industriellen Führungsetagen zeigt man dagegen noch Gelassenheit. Die deutsche Industrie produziert weiter nach althergebräuchlicher, aber höchst uneffektiver Methode. Der Kriegsbedarf scheint zwar gedeckt zu werden, aber es zeichnen sich Erfolge der Gegner ab, die ein schnelles Umdenken ratsam erscheinen lassen. Ein Wissenschaftler erkennt diese Situation und versucht auf seine Art, gegen zu steuern. Aus seiner Dienstwohnung in Berlin- Siemensstadt schreibt er im September 1942 seinem Vorgesetzten, dem Direktor eines Luftfahrtgerätewerks:

"Sehr geehrter Herr Direktor, im schweren Daseinskampf unseres Volkes erscheint es mir unverantwortlich, noch länger eine in staatlicher Hinsicht plan- und ziellose Organisation mitzumachen"
Und er fügt hinzu. dass er sich aus diesem und den schon bekannten Gründen im Interesse der deutschen Wehrwirtschaft gezwungen sähe, zu kündigen. Er bittet um Aushändigung seiner Papiere und eines Zeugnisses zum 1. November. Das Jahr ist nicht mehr erkennbar. Bei dem vorliegenden

Schriftstück handelt es sich nicht um eine Kopie, sondern um eine persönliche Abschrift des Schreibens. Diese Abschrift enthält zudem einen Anhang als Gedankenstütze mit der Überschrift:

"Antrag auf Zustimmung zur Lösung des Arbeitsverhältnisses."

Welche Institution hier zustimmen sollte, ist nicht mehr erkennbar. Ein leeres Antragsformular des Arbeitsamtes liegt bei. Drei Begründungsmöglichkeiten werden durchgespielt:

 - Er wolle kündigen... weil er es nicht verantworten könne, noch langer staatsschädliche Entwicklung und Organisation mitzumachen
- ihm sei ein Arbeitsplatz bei der Firma " höhere Stelle" angeboten worden.
- Im übrigen möchte er seinen Arbeitsplatz wechseln, weil er im LGW keine Gelegenheit bekäme, seine in den USA gesammelten Erfahrungen auf dem Gebiet der Hochfrequenztechnik zu verwenden.
Hier wird deutlich, dass der genannte Mitarbeiter, dessen Name auf der Abschrift ebenfalls nicht mehr erhalten ist, die Möglichkeit hatte, in den USA berufliche Erfahrungen zu sammeln.
An anderer Stelle findet sich dazu folgendes:
Auf Grund mehrjähriger Auslandserfahrung in der Hochfrequenztechnik und der entsprechenden Steuerungstechnik (General Electric Co, USA) sei er als Gutachter des Ministeriums für Bewaffnung und Munition, Referat 264, zu der einberufenen Tagung "Elektronenröhren" eingeladen worden. Er biete sich an, entsprechend der Bestrebung, einheitliche und bestgeeignete Elektronenröhren für alle Verwendungszwecke

der Rüstung zu schaffen und dabei den wesentlichsten Forderungen der Technik gerecht zu werden, einige Ansichten und Vorschläge zu unterbreiten, die sich auf folgende Gebiete bezögen:

1. Forschung und Entwicklung
2. Notwendige Röhren vom Gesichtspunkt der   Steuerungstechnik.
3. Elektronenröhren mittlerer Leistung und großer Stoß- und Schüttelsicherheit

Aus dieser Zeit scheint auch seine, für die genannte Zeit recht offene und in Deutschland nicht ungefährliche, Ausdrucksweise herzurühren, die man ihm jedoch übelnahm, denn obwohl er seine Worte eigentlich genau so meinte, wie er schrieb, muss er in einem Folgeschreiben zu seiner Kündigung seine Aussagen erläutern. Dieses Folgeschreiben beweist zudem, dass es sich bei dem erstgenannten Kündigungsschreiben nicht nur um einen Entwurf handelt:
"Sehr geehrter Herr Direktor, in Ergänzung meiner Kündigung vom September 1942 gebe ich folgende Erläuterung:"

Und er erklärt, dass sich die gemachten Aussagen auf Entwicklung und Organisation innerhalb seines Arbeitsgebietes bezögen. Damit scheint die Angelegenheit erledigt zu sein. Wer ist dieser Mann, der es wagte, sich im Zustand des wenig später total gewordenen Krieges so hart über die deutsche Staats- und Betriebsführung zu äußern? Einem weiteren Fragment ist zu entnehmen, dass der Herr seit 1939 Laborgruppenführer in einem   Luftfahrtgerätewerk ist. Er beschäftigt sich vornehmlich mit der Entwicklung von Steuerungen für "Fahrzeuge aller Art, zu Lande, zu Wasser und in der Luft", wobei auch selbstzielsuchende Systeme bis hin zu gelenkten Bomben, Marschflugkörpern und Flugabwehr- Raketen inbegriffen waren. Sein Gehalt beträgt damals nach seinen eigenen Angaben etwa 1000,- RM. Im Ergebnis seiner Arbeit entstehen zahlreiche Neuerervorschläge, die aber anscheinend im Luftfahrtgerätewerk zumeist auf Ablehnung stoßen. Enttäuscht berichtet er deshalb über seine vergeblichen Bemühungen in einem Schriftstück, dessen Adressat leider nicht bekannt ist, dass er sich nach wiederholten und ergebnislosen Vorstößen und Vorschlägen bei der Direktion der Firma schließlich im November 1941 über das OKW an das RLM gewandt habe. Nach Vorlage umfassender Vorschläge auf dem Gebiet vollelektronischer Steuerungen habe das RLM erklärt, brennend interessiert zu sein. Ein diesbezügliches Eingreifen in die Entwicklung des LGW wäre vom RLM leider nicht möglich und man habe ihn gefragt, ob er gewillt wäre, seine Pläne in einer anderen Firma zu verwirklichen. Er habe zugestimmt. Nach mehrmaliger Bitte um Freigabe habe das LGW mit leeren Versprechungen versucht, Zeit zu gewinnen. Im April 42 habe er die ganze Angelegenheit nochmals der Direktion und der Entwicklungs- und Erprobungsleitung vorgetragen. Eine offizielle Antwort sei nicht erfolgt. Es wurde lediglich verlauten lassen, dass die Mehrzahl der Anwesenden nur 10-15% verstanden habe. Das wäre dadurch erklärlich, dass nur wenige dieser Herren auch nur eine Ahnung von den elektrotechnischen Möglichkeiten in der Steuerungstechnik hätten. Aus den gelieferten Berichten und Untersuchungen sei weiterhin zu bezweifeln, ob man eine klare Vorstellung von den Bedingungen und Forderungen der Steuerungstechnik habe. Das Entscheidende bei den zukünftigen kriegstechnischen Steue-

rungsproblemen sei die Zeitkonstante oder Laufzeit der Verstärkung. Viel Zeit und Au... und darüber hinaus viel Blut und Elend wären erspart geblieben, hätte man dies rechtzeitig erkannt. Nachdem auch der Vortrag vom April 42 unbeantwortet geblieben sei, wäre im Mai 42 von ihm eine diesbezügliche Zusammenstellung von 8 Tatsachenberichten (ca. 80 Seiten) an die Kanzlei eingeschickt worden. Diesen Bericht habe die Kanzlei an Dr. Lieb, Vertreter des Hauptdienstleiters Priemer im Ministerium Speer weitergegeben. Nach längerer Rücksprache mit Dr. Lieb sei vereinbart worden, eine Kurzfassung der Hauptgedanken als Ministervorlage für Reichsmarschall Göring und Reichsminister Speer auszuarbeiten. Dies wäre am ... geschehen. Gleichzeitig wäre er mit dem Referenten für Nachrichtenwesen, Obering. Trognitz, bekannt gemacht worden, dem ebenfalls alles unterbreitet worden wäre. Obering. Trognitz habe versprochen, die Angelegenheit zu ver... Nach nochmaliger Rücksprache mit dem RLM habe man Interesse an den Vorschlägen bekundet und wiederum eine Kündigung seines Arbeitsverhältnisses beim LGW angeraten, die vom RLM natürlich befürwortet worden wäre. Das Ministerium Speer habe eine Unterstützung d... lehnt.
Es ist anzunehmen, dass zu diesem Zeitpunkt kein Wechsel des Arbeitsplatzes zustande kam. Der Wissenschaftler bleibt Mitarbeiter des LGW. Mit einigen Anträgen auf Gehaltserhöhung, auch für weitere Mitarbeiter des LGW, mehreren privaten Schreiben und einigen Notizzetteln mit zwei Handschriften endet das persönliche Schriftgut. Alle weiteren Unterlagen tragen rein dienstlichen, in der Regel organisatorischen Charakter.

Einige längere Schriftstücke sind zum Verständnis der Gesamtsituation von besonderer Bedeutung und werden, soweit möglich vollständig wiedergegeben. Die folgende Einschätzung basiert vermutlich auf den genannten Auslandserfahrungen des erwähnten Wissenschaftlers:

Die aus eigenen Erfahrungen bekannte amerikanische Entwicklungsfähigkeit, die kontinuierliche Verarbeitung gewisser Probleme durch Ingenieurgruppen sowie die schnellen Umstellungs- und Anpassungsmöglichkeiten seien Faktoren, die drohen, den von Deutschland erreichten Vorsprung nicht nur einzuholen, sondern im Laufe der Zeit noch zu überflügeln. Es sei deshalb unverständlich, dass auf dem so wichtigen Gebiet der Steuergeräte die Staatslenkung nicht genauso oder in ähnlicher Weise angesetzt würde, wie es auf vielen anderen Gebieten bereits mit Erfolg geschehen sei. Stattdessen spräche man von Dezentralisation in der Entwicklung. Als er Direktor A. vom Luftfahrtgerätewerk im Januar 42 die konzentrierte Bearbeitung der einzelnen Steuergeräte und deren Bauelemente vorgeschlagen habe, habe dieser dies mit der Begründung abgelehnt, dass derartige Versuche bisher gescheitert seien, und dass bereits diesbezüglich eine lange Auseinandersetzung im Rahmen der Wehrwirtschaftsführung mit Geheimrat Prof. Dr. Zennek...

Das Ergebnis dieser Auseinandersetzung ist auf diesen Seiten leider nicht mehr rekonstruierbar. Die Unterlagen enthalten einige weitere dienstliche Entwürfe und Zuarbeiten, die zu unterschiedlichsten Zeitpunkten erstellt wurden. Ein weiteres namenloses Schriftstück, welches später in ein größeres Dokument eingeht, befasst sich mit folgender Betrachtung:

"Dezentralisation- Zentralisation?
Monopolisierung- Staatslenkung?"

Mit den Worten Zentralisierung und Zentralisation sei in den letzten Jahrzehnten sehr viel Unfug getrieben worden, so dass man sich des Eindrucks der Modefrage in dieser Hinsicht nicht ganz verschließen könne. Die Dezentralisation der Forschung, Entwicklung sei dort gerechtfertigt, wo sie vom wehrtechnischen, wissenschaftlichen und volkspsychologischen Standpunkt notwendig erscheine. Mit dieser örtlichen oder räumlichen Dezentralisierung eine geistige Unterteilung zu verbinden, sei vom Standpunkt des Staates besonders hinsichtlich der Forschung und Entwicklung nachteilig. Die Verfechter der Dezentralisation sähen in der Zentralisation eine Monopolisierung mit den bekannten Eigenschaften.

"Ein wirklich totalitärer Staat stellt zwar in sich ein Monopol dar. Es ist aber kaum auszudenken, daß jeweils nur ein Staat oder nur ein Volk allein auf dieser Erde sein wird. Aus diesem Grunde hat ein lebensbejahender Staat oder ein lebensbejahendes Volk im Ganzen gesehen niemals eine Monopolstellung. Das Wetteifern zwischen Staaten und Völkern ist sozusagen ein Naturgesetz, an dem Menschenhand und Menschenhirn kaum etwas ändern werden. Demzufolge wird eine gesunde Staatslenkung von sich aus in eigenem Interesse immer bestrebt sein, zumindest eine zentralisierte Planung, Forschung und Entwicklung durchzuführen. Solche Zentralstellen müssen aber auch, um nutzbringend zu sein, in lebhafter Verbindung zur Lebensader der Industrie stehen. Die Lebensader, oder besser gesagt, die Hauptachsen der Industrie, besonders der Geräteindustrie..."*

Der Text lässt aufhorchen. Eine derartige Argumentation passt eigentlich nicht zu den stets propagierten Welteroberungsplänen der Nationalsozialisten. Hier ist von friedlichem Wetteifern mit gleichberechtigten Partnern die Rede. Das als einzelner

Entwurf vorliegende Schriftstück scheint zudem bereits aus einer Zeit zu stammen, in welchem der Krieg noch nicht völlig als verloren galt. Es folgt die Frage, was nun dieser Planung und Gestaltung der Leistungsfähigkeit hemmend im Wege stehe:

  1. *Personen- und Gruppenpolitik*
  2. *Firmenpolitik- ein Staat im E...*
  3. *Überorganisation*
  4. *Falscher Einsatz und falsche Kräfte*
  5. *übertriebene Geheimhaltung Sabotage*
  6. *Patentwesen*

Die Entwürfe und Zuarbeiten, deren Urheberschaft nicht mehr feststellbar ist, zeichnen sich durch einen sachlichen Inhalt und das Fehlen jeglicher politischer Agitation aus. Die Gedanken des oder der Urheber sind, vom rein wissenschaftlich-technischen Standpunkt aus betrachtet, durchaus nachvollziehbar. Bei den letztgenannten Seiten handelt es sich um einen relativ frühen Entwurf. Bis zur Endfassung wurde dieser mehrfach überarbeitet und geändert. Die gewählte Gliederung konnte anscheinend nicht beibehalten werden. Die Punkte werden untersetzt:

  1. *Personen- und Gruppenpolitik*

Trotz einer (Agitation vom Autor entfernt) Bewegung würde noch an vielen Stellen aus Unkenntnis, eigener Überheblichkeit und Egoismus eine ausgesprochene Personen-, Gruppen- und Firmenpolitik betrieben, so dass man in manchen Fällen von Sabotage und Staatsverbrechen sprechen könne.

Die Punkte 2 bis 5 sind in diesem Entwurf nicht mehr rekonstruierbar. Sie erscheinen jedoch später an anderer Stelle wieder in überarbeiteter Form.

6. Patentwesen

In den USA hätte der Mitarbeiter jahrelang die Nebenaufgabe gehabt, alle deutschen Patente der Hochfrequenztechnik auf Anwendbarkeit zu überprüfen. Eine Anwendung eines deutschen Patents sei jedoch kaum eingetroffen, so dass er eines Tages von seinem Chef gefragt worden sei, weshalb man in Deutschland überhaupt solche Anmeldungen mache. Wie z.B. solche Patente zustande kämen, sei aus seinem Bericht an Direktor A. vom Dezember 41 zu ersehen. Es sei hier der Gedanke naheliegend, das Reichspatentamt einer zentralen Leitung anzugliedern, um die vielen umschreibenden und zersplitternden Gesetzmäßigkeiten zu vereinfachen und die direkte Überwachung zwecks sofortiger staatlicher Ausnutzung einzuführen. Verbunden mit einer Patentanmeldung müsse ein kurz gefasster technischer Bericht eingereicht werden, der von einer staatlichen Stelle hinsichtlich Anwendung und Einsatz sofort geprüft würde. Aus den üblichen Patentschriften sei dieses meistens nicht ersichtlich.
Unter Bezug auf das eigene Arbeitsgebiet geht es weiter:
Deutschland hätte seit Jahren die Möglichkeit gehabt, weit bessere Bauelemente für Steuerungsgeräte, sowie Steuerungsgeräte an sich zu schaffen. Es hätte jedoch an fachmännischer Bearbeitung dieser Einzelprobleme, sowie an einer klar blickenden Leitung und Planung auf dem gesamten Gebiet des militärischen Mess- und Steuerungswesens gefehlt. Eine jetzige Rücksprache mit Ring- und Kommissionsleitern

auf diesem Gebiet hätte ergeben, dass eine umfassende Planung und Typisierung noch nicht in Angriff genommen und auch nicht geplant sei. Es sei betont worden, dass für derartige Maßnahmen die Behörden zuständig wären. Nachdem nun das Kind wiederholt in den Brunnen gefallen sei, erschiene es nunmehr ratsam, durchgreifende Maßnahmen zu treffen, um eine Wiederholung solcher Fälle in Zukunft zu unterbinden oder wenigstens zu verhindern. Der hieraus resultierende Vorschlag sei folgender: Sofortige Errichtung staatlicher Labors und Prüfstellen unter Einbeziehung der in der Industrie auf diesen Gebieten tätigen und nicht ausgenutzten Fachkräfte und der vorhandenen, ebenfalls nicht ausgenützten Instrumente. Die Aufgabe dieser Einrichtung sei darin zu sehen, aus allen vorhandenen Bauelementen und bereits schon vorhandenen Geräten, sowie den auf diesen Gebieten noch bestehenden kurzfristigen Entwicklungsmöglichkeiten zu typisierten Einheitsgeräten zu gelangen, die günstigste Funktionseigenschaften und Herstellungsbedingungen aufweisen. Da bisher die Privatinitiative und gewisse Behörden versagt hätten, die notwendigen Bauelemente und Einheitsgeräte zu schaffen, sei nur so eine durchgreifende Typisierung in der nunmehr erforderlichen Zeit und Lage möglich. In Anbetracht vorbildlicher Beutegeräte und Bauelemente erschiene es in diesem Zusammenhang notwendig, das gesamte anfallende diesbezügliche Beutematerial zu untersuchen und auszuwerten.

Die mangelhafte Steuerungstechnik war, wie man heute weiß, Hauptursache für die hohe Versagerrate der „Wunderwaffen" des 3. Reiches.
Dieses letzte Schriftstück wird allerdings nicht mehr im LGW, sondern bereits in Glau bei Trebbin am 18.2.44 angefertigt.

Hier war kurz zuvor von der SS ein ursprünglich der schon in den dreißiger Jahren enteigneten, Johannischen Kirche gehörendes Grundstück, genannt "Friedensstadt", beschlagnahmt und zum neuen Sitz der Dienststelle bestimmt worden.
Diese Dienststelle ist das Amt VIII des SS- Führungshauptamtes, das Technische oder auch Waffenamt der Waffen-SS, auch Amt FEP, Forschung, Entwicklung, Patente, genannt.

2. Die technische Situation

Interessant ist aber zunächst einmal die rein technische Situation im Arbeitsgebiet des genannten Herrn. Das wichtigste Problem in den Steuerungssystemen, mit welchen er sich im LGW beschäftigte, war die Verstärkung der schwachen, vom Signalgeber kommenden Signale. Zum damaligen Zeitpunkt gab es nur Röhren als Verstärker, da die Halbleiterverstärker noch nicht erfunden waren. Obwohl in Deutschland bereits im Jahre 1939 die alten Glasröhren der RE- und A- Serien durch die stoßsichere, sogenannte harmonische oder Stahlröhrenserie abgelöst und Universalröhren geschaffen wurden, entsprach das Sortiment anscheinend in keiner Weise den Anforderungen der Funk- und Steuerungstechnik. Insbesondere die für Gegentaktstufen von Steuerungen unbedingt erforderlichen Doppeltrioden waren nicht verfügbar. Einem Schreiben unbekannten Datums, gerichtet an Herrn Bev. Gr. F. LGW- Entwicklung, betreffs Aufstellung gegenseitiger Arbeit, ist zu entnehmen, dass die Doppeltrioden-Untersuchung wesentlicher Bestandteil der Forschung war. Eine der wichtigsten Informationsquellen über die Röhrenentwicklung des Auslands waren die genannten Beutegeräte. Insbesondere abgeschossene Flugzeuge vom Typ "Fortress" lieferten reiches Material, welches man umgehend analysierte und dessen Bestückung auflistete. Die Röhren wurden teilweise übernommen. Als Kuriosum existiert in einer hiesigen Ausstellung eine Röhre mit dem Aufdruck "USA" und dem Zusatzaufdruck 'Wehrmacht'. Erwähnenswert ist in diesem Zusammenhang auch die aufgefundene Zettelsammlung. Sie diente zum Notieren von Beratungsergebnissen und Gedanken. Als Zettel wurden häufig abgerissene Kalenderblätter verwendet. Ein datumsloses Blatt trägt die kurze handschriftliche Notiz:

*"Meine P2000 mit analoger amerikanischer Röhre vergleichen
hinsichtlich Steilheit."*

Eine derartige Formulierung wählt man eigentlich nur, wenn
man zur Entwicklung dieser bekannten und noch lange nach
Kriegsende benutzten Universalröhre eine engere Beziehung
hatte.
Eine Einladung des Reichsministers für Rüstung und Kriegs-
produktion, Sonderkommission Elektrische Röhren, Direktor
Dr. Steinel, trägt den Wortlaut:
*"Am Freitag. dem 14. Juli 1944 vorm. 9 Uhr findet in Berlin-
Schöneberg, Maxstraße 8. die Sitzung der Sonderkommission
Elektrische Röhren statt, zu der ich Sie einlade. Thema: 1.
GBN- Liste der Röhren, die für die Neubestückung von Gerä-
ten zugelassen sind. 2. Allgemeines"*

Bemerkenswert ist das Datum. Die Maßnahme kam für die
Machthaber einige Jahre zu spät. Zu diesem Zeitpunkt hatten
Neuentwicklungen und Änderungen, rechnet man die übliche
Erprobungsphase hinzu, wohl kaum noch eine Chance,
kriegsentscheidend eingesetzt zu werden. Einen guten Ein-
blick in nahezu unbekannte Probleme der damaligen Führung
gibt ein weiteres, in diesem Fall fast vollständig rekonstruiertes
Schriftstück. Es enthält weder Ort noch Datum und wurde mit
"Baurat" unterzeichnet. Da es die industriellen Missstände in
Deutschland im Vergleich zum Ausland treffend beschreibt
und offenbar entscheidend für das weitere Handeln war, wird
es fast in voller Länge und nahezu im Originaltext wiedergegeben. Das Schriftstück trägt keinen erkennbaren Geheimhal-

tungsgrad. Es könnte deshalb möglicherweise auch noch an-
dernorts als Kopie aufgefunden werden:

3. Die industriellen Missstände

"Das technische Führungsproblem im Kriege- Ein Beitrag zur Leistungssteigerung und Selbstverantwortung der Industrie
Der Verlauf des Krieges hat auf vielen Fachgebieten der Technik gezeigt, daß der ursprüngliche Vorsprung Deutschlands auf diesen Gebieten inzwischen durch Erfindungen und Entwicklungen des Gegners eingeholt, auf vielen Gebieten sogar übertroffen wurde. Hinzu kam die große Ausbringung von Kriegsgerät in der Zeiteinheit, die es dem Gegner in verhältnismäßig kurzer Zeit ermöglichte, seine z.Zt. vorhandene Überlegenheit in der Stückzahl, z.B. an Flugzeugen, an Panzern usw. zu erzielen. Als führende Nation in der Anwendung moderner Fertigungsmethoden ist in erster Linie Amerika zu nennen. Die UdSSR haben diese Methoden im Wesentlichen übernommen, während dagegen bei Großbritannien ähnliche Arbeitsverhältnisse vorliegen, wie in Deutschland. Auf deutscher Seite sind Maßnahmen im Gange, die unter Hinzuziehung der Industrie und durch Leistungssteigerung die Aufgabe haben, eine Produktionssteigerung namentlich auf dem Gebiet der Jägerproduktion und jenen der Geräteherstellung zu schaffen. Durch die Übertragung der Selbstverantwortung an die Industrie sollte erreicht werden, dass die Ringführer der neu gebildeten Fachgruppen auf verschiedenen Arbeitsgebieten die Entwicklung von neuen Geräten fördern, eine Vereinheitlichung und Entfeinerung in der Herstellung von Geräten durchführen, um somit eine bedeutende Erhöhung in der Produktion von Kriegsgeräten zu erzielen.
In den nachstehenden Ausführungen soll nun untersucht werden, ob überhaupt auf diesem Wege der größtmöglichste Erfolg erzielt werden kann.

Leistungssteigerung

Über die verschiedenen Möglichkeiten der Leistungssteigerung in Betrieben ist sehr viel geschrieben und auch von staatlicher Seite alle fördernden Maßnahmen getroffen worden, um eine möglichst große Leistungssteigerung zu erzielen. Es sei in diesem Zusammenhang auf die Literatur und zwar auf das Buch von Prof. Friedrich: „Grundlagen der Leistungsertüchtigung" verwiesen. Diese Wege sind von einem großen Teil der Firmen beschritten worden. Es muss jedoch gleich betont werden, daß es sich bei all diesen Vorschlägen um Maßnahmen zur Erhöhung der Stückzahlfertigung handelt. Dagegen ist in diesem Buch das technische Führungsproblem großer Werke, sowie der Ausbau großer Werke hinsichtlich ihrer Fabrikorganisation, sehr wenig oder gar nicht erwähnt worden. Da diese Punkte jedoch für eine Großserienfabrikation entscheidend sind, soll nachstehend kurz die augenblickliche Lage der deutschen Fertigungsindustrie geschildert werden. Nach Überwindung der durch den Krieg 1914/18 bedingten Schwierigkeiten setzte auch in Deutschland eine gewisse Anpassung an amerikanische Fertigungsmethoden ein. Größere deutsche Firmen sandten maßgebende Herren ihrer Betriebe nach Amerika, um die dortigen Fertigungsmethoden zu studieren. Im Zusammenhang mit dieser Aktion wurde nun in den deutschen Betrieben eine umfassende Automatisierung der Werkstätten durchgeführt. Diese Entwicklung befruchtete auch die Werkzeugmaschinenindustrie, die auf diesem Fachgebiet erfolgreiche Konstruktionen hervorbrachte. Betrachtet man nun den Gesamtaufbau der mittleren und größeren Firmen. so muss festgestellt werden, dass die Einführung neuzeitlicher Fertigungsmethoden in den Werkstätten durchgeführt wurde und hauptsächlich eine wesentliche Steigerung in der Ausbringung von Einzelteilen zur Folge hatte. Die räumliche Anordnung der Fabrikanlagen blieb bei den deutschen älteren Firmen immer dieselbe. Die vor Jahrzehnten errichteten Fabrikationsstätten wurden erweitert und waren für die Herstellung von Geräten und kleineren Maschinen im Allgemeinen ausreichend. Sobald jedoch die Fabrikation größerer Maschinen aufgenommen wurde oder eine größere Stückzahlauflage erforderlich war, wurden nur die vorhandenen Fabrikanlagen benutzt. Diese Aufgabe hätte aber nur gelöst werden können durch einen großzügigen neuen Aufbau der Fabrikanlagen. Eine Umschau bei deutschen Firmen bestätigte diese Tatsache in sehr vielen Fällen. Erst nach 1933 war bei dem Neuaufbau der deutschen Wehrmacht und der dabei verbundenen neu errichteten Fabrikanlagen eine großzügigere Planung von Fabrikanlagen zu beobachten. Jedoch muß auch hier im Vergleich zur amerikanischen Industrie festgestellt werden, daß bei dem größten Teil dieser Werke wirtschaftliche Gesichtspunkte einer Massenfertigung nicht bis zur letzten Konsequenz durchgeführt wurden. (Nur wenige Werke in Deutschland, namentlich die Tochterwerke amerikanischer Firmen zeigten einen großzügigeren Aufbau der gesamten Fertigungswerkstätten.) Als Beispiel kann hierzu die Entwicklung bei Großfirmen der Ausrüstungs- und Geräteindustrie angeführt werden. Die so oft gerühmte deutsche Organisation betraute die verschiedenen Werksabteilungen einer Firma mit derartigen Vollmachten, dass eine einzelne Abteilung innerhalb einer Großfirma ein Unternehmen für sich bedeutete und in der Entwicklung seines Fabrikationsgebietes keine Verbindung mit anderen Fabrikationsabteilungen hatte. Das Spezialistentum feierte förmliche Triumphe. Ohne auf das Ganze Rücksicht zu nehmen, baute jede Abteilung für sich ihren Arbeitsbereich aus. Das Vorhandensein verschiedener Verkaufsartikel führte oft zu förmlichen Kämpfen der Abteilungen unter sich, diesen oder jenen Verkaufsartikel ihrem Abteilungsbereich anzugliedern, um somit umsatzmäßig der Direktion gegenüber Erfolge aufzuweisen. Es ist klar, daß diese Entwicklung bei deutschen Fertigungswerken die Durchführung einer großzügigen Arbeitslinie nicht gestattete und dass die Werkleitung den Überblick über den gesamten Fabrikationsbereich verlor bzw. nie hatte. Durch den Aufbau solcher Werke waren daher die Funktionen der Direktoren auf eine mehr verwaltende Tätigkeit beschränkt. Dieses kam besonders dadurch zum Ausdruck, daß ein großer Teil der Betriebsführer bedeutender Werke keine Ingenieure waren, sondern eine rein kommerzielle oder juristische Ausbildung besaßen. Eine Ausnahme machten nur die mittleren und kleinen Werke, in denen zur Erhaltung ihrer Beweglichkeit und Selbständigkeit gegenüber den großen Firmen ein Ingenieur als Leiter unbedingt erforderlich war. Die Entwicklungs- und Fabrikationsrichtlinien der großen Firmen wurden in Direktionsbesprechungen festgelegt, ohne genügende Kenntnis der einzelnen Fabrikationsabteilungen. Ein regulierendes Organ, welchem die ständige Überprüfung der Arbeitsweise der einzelnen Abteilungen oblag, fehlte. Lediglich der Jahresabschluß einer Abteilung entscheidet über das gute oder weniger gute Arbeiten derselben. Eine dauernde Kontrolle des gesamten Unternehmens von der Fertigungswerkstatt bis zur Verkaufsabteilung ist in deutschen Firmen daher sehr selten zu finden, ja fast überhaupt nicht vorhanden. Es ist daher bei vielen deutschen Unternehmen ohne weiteres möglich, daß Abteilungsleiter großer Werke dem Betrieb fern bleiben können. ohne daß sich ihr Ausbleiben in der Firma bemerkbar macht. Man kann diesen Zustand kennzeichnen mit einer Organisation ohne Kopf, denn die Organisation läuft weiter. Die Organisation ist also nicht Mittel zum Zweck, sondern trägt stets die Tendenz in sich, ihrer selbst willen da zu sein. Es ist selbstverständlich, daß der Betrieb eines Werkes auch bei längerer Abwesenheit des Betriebsführers ordnungsgemäß weiterlaufen muß. Die ungeheure Entwicklung der Technik erfordert es jedoch, daß die dadurch bedingten Neuerungen stetig in dem Betrieb angewendet werden müssen. Es muß also ein technischer Betriebsführer diese ständig überwachen und dafür Sorge tragen, daß alle Neuerungen in den verschiedenen Spartenseines Werkes rechtzeitig angewendet werden. Die moderne Fabrikation erfordert eine dauernde Untersuchung und Überprüfung aller Arbeitsmethoden, die die Stückzahlausbringung je Zeiteinheit erhöhen und damit eine Ermäßigung des Verkaufspreises herbeiführen. Vor dem Kriege war das Preisbild der deutschen Firmen sehr konservativ und erklärte somit einen Teil der ungeheuren Schwierigkeiten bei deutschen Firmen, dem Auslandsmarkte wettbewerbsfähig zu sein. Da die Überprüfung bei dem großen Ausmaß der Werke nicht immer von der Betriebsleitung selbst vorgenommen werden kann, muß diese Aufgabe einer besonderen Betriebsüberwachungsabteilung übertragen werden. Die Entwicklung des Spezialistentums in den deutschen Gerätefirmen hatte zur Folge, dass Personaländerungen in den reinen Spezialfirmen sehr selten waren, da ja der betreffende Ingenieur oder Werkmeister bei der Konkurrenzfirma kaum eine fühlbare Gehaltsaufbesserung erzielte. Die Möglichkeit einer Aufbesserung seines Einkommens war unmittelbar abhängig von der Länge der Zugehörigkeit zur betreffenden Firma. Jeder Wechsel zu einer anderen Firma brachte wohl vorübergehend eine geringe Gehaltsaufbesserung, jedoch mußte der betreffende Ingenieur bald ein-

*sehen, dass die Verhältnisse bei der neuen Firma ähnlich ge-
lagert waren, wie bei seiner früheren Firma. Auch hier gelang
es ihm aus den gleichen Gründen in den meisten Fällen nicht.
fortschrittliche Verbesserungsvorschläge für den Betrieb oder
für Neukonstruktionen durchzusetzen. Unter diesen Umständen ergab sich, dass eine Auslese von Werkmeistern, Techni-
kern und Ingenieuren, d.h. eine Auslese von Persönlichkeiten
bei derartig geleiteten Betrieben nur in den seltensten Fällen
vorhanden war. Daraus ergibt sich, daß die Leistungssteigerung wohl bei dem Facharbeiter an der Werkbank durchgeführt
wurde, hinsichtlich einer großzügigen, planvollen technischen
Leitung aber ein Höchstmaß an Leistungssteigerung nicht erreicht werden konnte. Denn was nützt der Erfolg an der Werkbank, wenn nicht großzügige technische Planung diese Bestrebungen unterstützt, Schwierigkeiten beseitigt und alle Wege für eine große Stückzahlausbringung ebnet? Wo es sich
um die Fertigung von kleinen Einzelteilen handelte, wurde ein
voller Erfolg erzielt. In dem Augenblick, wo jedoch die Fertigung kompletter Geräte in Frage kam, welche eine Zusammenarbeit aller Abteilungen der gesamten Firma zur organischen Durchschleusung des Arbeitsproduktes erforderlich
machte, konnte eine entsprechende Produktionssteigerung
nicht erreicht werden. In dieser Richtung liegt ebenfalls die
Neigung der Firmen, alle Teile für die Geräte in ihrem eigenen
Werk zu entwickeln und zu fabrizieren. Jahrelange Erfahrungen von Spezialfirmen wurden nicht in Anspruch genommen.
Andererseits verlieh die deutsche Gründlichkeit den deutschen
Fabriken eine derartige Ausbildung bis ins Kleinste, daß kein
Zusammenhang zwischen Wirtschaftlichkeit und Lebensdauer
bestand. Deutsche Fabrikate der Funk- und Geräteindustrie
z.B. erregten oft In Amerika ein Kopfschütteln, da ihre äußer-*

lich so wunderschöne Form bei hohem Preis in keinem Zusammenhang mit der Leistung des Gerätes stand. Dies stellte ein typisches Beispiel dar, daß man für eine wunderbare äußere Gestaltung Sorge trug, darüber hinaus aber die Hauptaufgabe des Gerätes, die Leistung, vergaß. Das Auslandsgerät dagegen wurde von vornherein abgelehnt, da es nicht den deutschen Gepflogenheiten hinsichtlich einer wunderschönen äußeren Fertigung entsprach. In diesen Punkten trat oft eine gewisse Überheblichkeit des deutschen Ingenieurs in Erscheinung. Werden jedoch die Hauptgesichtspunkte des deutschen Geräts mit denen des Auslands verglichen, so ergibt sich, daß mit dem ausländischen Gerät bei bedeutend geringerem Aufwand die gleiche Leistung, oft sogar noch eine größere, erzielt wurde. Da der Stand der deutschen Technik der gesamten ausländischen mindestens gleichwertig ist, so ist diese Tatsache nur bedingt durch den Mangel an Großzügigkeit in der Durchführung einer planvollen Entwicklung und Fertigung. Eine Leistungssteigerung ist also nur ein technisches Führungsproblem.

Selbstverantwortung der Industrie
Die o.a. Ausführungen ergaben, dass die Direktionen der verschiedenen Großfirmen hinsichtlich ihrer Betriebsführung das Hauptschwergewicht auf eine organisatorische Sicherung ihres Unternehmens legten. Große Unternehmungen sehen oft eine ihrer Hauptaufgaben darin, den modernen Fortschritt der Technik durch Patente zu sichern. Ein fabrikationsfertiger Gegenstand war nicht einmal erforderlich. Es genügte schon, wenn irgendeine technische Idee patentiert war, wodurch die Konkurrenz von der Firma abhängig war. Zu welchen Schwierigkeiten diese Entwicklung im Laufe dieses Krieges führte, ist

bekannt durch die Tatsache, daß scharfe staatliche Maßnahmen erforderlich waren, um überhaupt die Produktion von Kriegsgerät sicherzustellen. Parallel mit diesen Bestrebungen war bei allen Großfirmen die Tendenz vorhanden, in ihrem Werke sämtliche Gebrauchsteile, die zu einem fertigen Gerät gehören, selbst anzufertigen. Dieses führte auch bei der jetzigen Kriegsproduktion oft zu großen Rückschlägen, bei der Neuentwicklung von Geräten, da diese wegen Mangel an Erfahrungen sehr lange Fertigungszeiten benötigten. Einfache Geräte, über welche jahrzehntelange Erfahrungen anderer Firmen vorlagen, gelangten auf diese Weise nicht zum Einbau und verzögerten monatelang, wenn nicht länger, die Herausbringung des neuen Gerätes. Zur Begründung dieser Handlungsweise wurde von den Firmen ausgeführt, daß sie nicht rechtzeitig die Zubehörteile von den Firmen geliefert bekämen. Die gleiche Firma besaß aber hunderte von Unterlieferanten, welche oft Geräteteile anfertigten, die im eigenen Betrieb ohne Schwierigkeiten hätten hergestellt werden können. Entscheidend war hier für die Firmen die Tatsache, daß die kleinen Firmen diese Einzelteile billiger herstellen konnten, als sie selbst. Diese Entwicklung ist der Grund dafür, daß im Gegensatz zu amerikanischen Konstruktionen in Deutschland eine ungeheure Vielzahl über Geräte des gleichen Verwendungszwecks selbst in den ersten Kriegsjahren noch vorhanden war. Diese Entwicklung wird heute zwar staatlicherseits durch Bestimmungen untersagt. Da aber eine staatliche Kontrolle fehlt, dürfte die Vorschrift in sehr vielen Fällen auch heute noch außer Acht gelassen werden. Die Aufgabe der Betriebsleitung der Firmen bestand also hauptsächlich darin, unter Vermeidung jeglichen für den technischen Fortschritt notwendigen Risikos den Bestand des Unternehmens sicherzustellen. Diese durchaus kommerzielle Maßnahme fand ihren Niederschlag auch darin, dass für verschiedene Fabrikationssparten durch Vereinbarungen der Firmen untereinander ein Mindestpreis festgelegt wurde. Es soll an dieser Stelle nicht über das Für und Wider dieser Maßnahme geurteilt werden. Es hatte aber zur Ursache, daß diese Maßnahmen in Deutschland dazu beitrugen, die Ausnutzung sämtlicher technischer Möglichkeiten zur Herstellung eines preisgerechten Gegenstandes zu verhindern. Eine Konkurrenz der großen Firmen im Inland untereinander bestand praktisch nicht. Die inzwischen von staatlicher Seite der Industrie übertragene Selbstverantwortung hatte nun dazu geführt, daß leitende Herren der Großfirmen gleichzeitig Ausschuss- und Ringführer der betreffenden Fabrikationssparte wurden. Es besteht die große Gefahr, daß nicht allein das Interesse einer größeren und schnelleren Fertigung vorwiegend ist, sondern das Interesse der eigenen Firma den Vorrang haben wird. Eine straffere staatliche Einsichtnahme wäre hier unbedingt am Platze. Der Einwand, daß bei den ausländischen Staaten ja ähnliche Unzulänglichkeiten bestehen und somit ohne weiteres in Kauf genommen werden müssen, ist für Deutschland wohl nicht maßgebend, da bei der angespannten Lage, in der sich die gesamte Nation befindet, derartige Unzulänglichkeiten einfach nicht tragbar sind. Die o.a. Ausführungen geben auch eine Erklärung, daß bei der geschilderten Mentalität der deutschen Firmen, alles selbst herzustellen, die Voraussetzungen für eine schnelle technische Entwicklung nicht gegeben sind. Selbst das Spezialistentum bei den einzelnen Abteilungen einer Großfirma verhindert eine schnelle technische Entwicklung des Gerätes, da ja in diesem Fall oft nicht einmal die Erkenntnisse der anderen Abteilungen dem betreffenden Konstrukteur oder Entwurf-

Ingenieur zur Verfügung stehen. Es ist verständlich, daß es noch viel schlimmer ist, für eine Neuentwicklung die Erfahrungen von Konkurrenzfirmen zu erhalten. Die Gleichschaltung aller deutschen Firmen auf dem Entwicklungsgebiet ist bis jetzt noch in keiner Weise vorgenommen noch gewährleistet. Soll also ein neues Gerät entwickelt werden, so legt fast jeder Konstrukteur nur die Unterlagen zu Grunde, die ihm von seiner Abteilung zugänglich sind. Jahrelange Erfahrungen anderer Firmen und anderer Länder werden nicht berücksichtigt, ganz abgesehen davon, dass auch hier wieder eine Voreingenommenheit gegenüber den Erzeugnissen anderer Länder besteht.

Zusammenfassung des Berichts
Die vorstehenden Ausführungen ergeben, daß eine weitere Leistungssteigerung in der Produktion durch die Facharbeiter, soweit man von einer Erhöhung ihrer Zahl und einer Verlängerung der Arbeitszeit absieht, nicht mehr möglich ist. Dagegen besteht durchaus die Möglichkeit, durch eine sinnvolle Überprüfung der Arbeitsgänge und Arbeitseinrichtungen bei den Firmen eine Einsparung von Arbeitszeit und Arbeitskräften zu erzielen. Dieses würde einer zusätzlichen Zuführung von Arbeitskräften entsprechen. Eine weitere Leistungssteigerung ist also nicht mehr ein Problem der Leistung des Facharbeiters, sondern ein Problem der technischen Führung. Es wird notwendig sein. eine sofortige Überprüfung aller an der Produktion von Kriegsgerät beteiligten Firmen nach diesen Richtlinien vorzunehmen. Diese Überprüfung kann nur durch eine kleine Auslese von Ingenieuren erfolgen, welche das gesamte Fachgebiet beherrschen und in der Lage sind, das Wesentliche von dem Unwesentlichen zu unterscheiden, um die technisch großzügigen Richtlinien für die weitere Produktion zu schaffen.

Daß diese Auslese von Ingenieuren bisher in Deutschland in dem gewünschten Umfange nicht erfolgt ist, liegt an den o.a. geschilderten Verhältnissen. Der Krieg hat den deutschen Firmen gezeigt, daß namentlich die amerikanischen Geräte einen Produktionsstand besitzen, der von den deutschen Firmen hinsichtlich Vereinfachung, Vereinheitlichung und Minimum an Aufwand bei weitem noch nicht erreicht wird. Es muss also, um auf diesem Gebiet ein Gleichgewicht zu erzielen, eine sofortige gesamttechnische Überprüfung der deutschen Fertigung stattfinden, um diese Nachteile zu beheben. Die Lösung dieser Frage kann aber nur durch eine Anzahl von Ingenieuren erfolgen, die diese Voraussetzungen besitzen und den Führungsorganen des Staates unmittelbar unterstellt werden. Bei der Auswahl dieser Ingenieure wäre es abwegig, die Leiter der Ausschüsse und Ringe für diese Neuaufgabe einzuschalten. Die Aufgabe dieses Ingenieurstabes wäre also in erster Linie nicht die Neuschaffung einer Organisation, sondern müsste ihre Hauptaufgabe darin sehen, eine Ordnung in der Entwicklung und Produktion aller daran beteiligten Stellen... Abgesehen dav... über den Erzeugn...
durchzuführen. Damit würde ein Stab geschaffen, der unmittelbar der Führung von Staat und Wehrmacht verantwortlich ist und durch die ihm übertragenen Vollmachten in der Lage ist, 1. auf kürzestem Wege sämtliche vorhandenen Reibungen zu beseitigen, 2. Entwicklungen im Sinne einer unbedingt notwendigen Vereinfachung maßgebend zu fördern. Das Ziel dieser Maßnahmen wäre die Schaffung einer einheitlichen technischen Führung innerhalb der gesamten Rüstung, damit die größte technische Schlagkraft der militärischen Führung zur Verfügung steht.

Baurat"

Dieser Bericht zeigt deutlich, welche Macht die Industrie bis zu diesem Zeitpunkt auch in einem totalitären Staatsgebilde, wie dem Dritten Reich, hatte. Sie war bis dahin kaum staatlichen Zwängen ausgesetzt und brauchte ihre Effektivität eigentlich nicht zu verbessern, so lange die Existenz des Unternehmens nicht gefährdet war. Ob ein rechtzeitiges Erkennen und gründliches Beheben der genannten Probleme allerdings am Ausgang des Krieges irgendetwas geändert hätte, darf bezweifelt werden.

4. Der Vergleich zweier Systeme

Eine weitere grundsätzliche Frage wird nun aufgeworfen, wobei der Adressat ist auch hier nicht erkennbar ist:

"Warum ist unsere Rüstungsindustrie nicht in der Lage, qualitativ und quantitativ mit den USA Schritt zu halten? Ist die Organisation der Rüstungsindustrie, der Mangel an Fachkräften, der deutsche Ingenieur oder die Rohstoffbeschränkung daran schuld?"

Es gibt auch eine zugehörige Antwort. Sie wurde aus Bruchstücken verschiedener Entwurfsstadien rekonstruiert und ergänzt damit Lücken in einer größeren, ebenfalls nur noch stückweise auswertbaren, gedruckten Ausarbeitung. Der Text wird in der Regel wörtlich wiedergegeben, soweit die entzifferten Worte einen Sinn ergeben. Andernfalls werden vorhandene Lücken durch drei Punkte kenntlich gemacht.

"Folgende Zustände sind in erster Linie verantwortlich:
- Mangel an Gemeinschaftsarbeit
Bedingt durch egoistische Personen-, Gruppen- und Firmenpolitik und durch Großfirmenpolitik im Sinne staatlicher Unabhängigkeit. Unfähige Herren in leitender und verantwortlicher Stellung halten ihre Position, indem sie fähigere Köpfe, die ihnen untergehen sind, indirekt gegeneinander ausspielen und hinterher noch als freimütiger und vorbildlicher Vermittler auftreten.
- Falsche Wertung der Ingenieure
Auswahl und Wertung der Ingenieure erfolgt leider allzu häufig nach Titel, Äußerlichkeiten und eventuell noch nach ... "Dip-

lomatie" ist selbst bei Forschungs- und Entwicklungs- Ingenieuren wichtiger als das 'technische Können". Der für die Gemeinschaftsarbeit notwendige Charakter, Idealismus und praktische Gerechtigkeitssinn wird als Beschränktheit bzw. als Neigung zum Michael Kohlhaas angesehen.

-Missbrauch und Auslöschung von guten Fachkräften
Oft werden gute Vorschläge und Erfindungen nur als Hirngespinste abgelehnt, weil die zuständigen Abteilungsleiter und Direktoren der Materie nicht gewachsen sind, manchmal auch deshalb, weil sie ihre eigenen, vergleichsweise unterlegenen Pläne gefährdet sehen. In solchen Fällen - zumal wenn auch noch mit allen möglichen disziplinären und wirtschaftlichen Maßregelungen gedroht wird- ziehen sich fähige Ingenieure nur allzu leicht von der unerlässlichen Zusammenarbeit zurück." In der Entwurfsversion hieß es hier: "Tüchtige und strebsame Ingenieure werden aufs tote Gleis geschoben und zu "Leerlaufingenieuren" gemacht, weil sie den leitenden Herren mit ihren Vorschlägen und Erfindungen unbequem werden. Auch schreckt man in solchen Fällen nie zurück, die zuvor so wichtige UK-Stellung aufzuheben. Aus Angst vor solchen Angriffen ziehen sich viele fähige Ingenieure zurück und treiben eine für sich zunächst nutzbringende, für den Staat aber schädliche Radfahrerpolitik.

- Überorganisation
Sie dient der Vortäuschung großer Leistungen und ist meist die Folge selbstsüchtiger Personen- und Firmenpolitik. Für Selbstverständlichkeiten werden dann Anweisungen und Paragraphen ausgearbeitet, die bei geringen Zweckänderungen des Betriebes zur Erstarrung und zu bedrohlicher Verminde-

rung der Anpassungsfähigkeit führen. Oft ist die Organisation Selbstzweck und nicht Mittel zum Zweck. Dadurch entsteht ein wesensfremder Aufbau ohne lebendiges Verhältnis zur Funktion des Betriebes. Diese Erscheinung hat nicht selten ihren Ursprung im Einsatz von Kräften, die zur Sicherung ihrer UK-Stellung aus Mangel an anderen Unterschlupfmöglichkeiten im organisatorischen Teil der Rüstungs- und Kriegsproduktion eine höchst wichtige Funktion zu erfüllen vortäuschen. In Wirklichkeit aber handelt es sich um einen völligen Leerlauf mit imposanter Scheinleistung. Eine militärische Organisation muss höchste Schlagkraft und größte Augenblicksleistung anstreben, während die Industrie größte Dauerleistung und höchster Wirtschaftlichkeit fordern muss. Keines von beiden wird durch Überorganisation erreicht. Diese führt zur Blockierung jeglichen Fortschritts.

- Dezentralisierung der technischen Forschung und Entwicklung - Keine durchgreifende Typisierung und umfassende Ordnung

Infolge der unter 5. genannten Dezentralisierung- stehen die verschiedensten Bauelemente und …te für den gleichen Zweck, was in der Fertigung im Nachschub unnötige Schwierigkeiten bereite. Eine mögliche Typisierung wird abgelehnt mit den üblichen Bemerkungen: 'Vorklärung noch nicht abgeschlossen'-'sind nicht zuständig'- 'Wir wollen, aber es lässt sich nicht beschleunigen' oder 'durch Typisierung wird die Initiative zur Weiterentwicklung genommen'. Der wirkliche Grund ist meist darin zu sehen, dass die betreffende Firma keinerlei Interesse hat. ihren Gewinn zu vermindern oder ihre etwaige Monopolstellung aufzugeben. In dieser Hinsicht ist auf manchen entscheidenden Gebieten schwer gesündigt worden.

Die aus der historischen Entwicklung des Wissens, besonders der Naturwissenschaften und angewandten Wissenschaften hergebrachte Gliederung führt wegen des in den letzten Jahrzehnten stark ansteigenden Umfangs und der vielästigen Verzweigung zu einer immer starker werdenden Unübersichtlichkeit. Das daraus entstehende Wissensvolumen ist selbst von befähigten und begabten Menschen kaum noch zu übersehen. geschweige denn entsprechend anzuwenden. Hierdurch ist trotz erheblichen wissenschaftlichen Fortschritts nur eine geringe praktische Verwertung möglich.

* - übertriebene und staatsschädliche Geheimhaltung in der*
*   Forschung und Entwicklung*
* - Unzweckmäßiges Patentwesen:*
Es dient dem Individualismus und weniger dem Volk und R... Ein für den internationalen... Patentwesen hat in der gegenwärtigen Zeit viele Nachteile... Schriften ist nur selten der praktische Wert einer Erfindung... Erfindungsmeldungen. Patentschriften. Patentstreitigkeiten... meldungen handelt es sich dabei noch oftmals um bereits gesch... Weiterhin fördert das gegenwärtige Patentwesen das berüchtigte bei umfassenden Erfindungen noch gewisse ungeschützte Punkte anz... er Patentspezialisten. bereits vorhandene Patente versteckt oder vers... als neue Erf... chen. gehört hierher. Kriege werden nicht mit juristischen Argumenten, sondern... gewonnen."
Trotz aller Mühe war an dieser Stelle nicht mehr zu erkennen, womit Kriege nun eigentlich gewonnen werden.

"- Mangel an genauen und laufenden Forderungen für Forschung und Entwicklung, sowie Mangel an lebendiger Verbindung zwischen reichs- und wehrwirtschaftlicher Förderung und

dem Kreislauf rationellen Werdens

Der Forschungs- und Entwicklungsingenieur wird allzu oft von der Praxis und von den auftraggebenden Stellen ferngehalten. Ohne Kontakt mit der Wirklichkeit konstruiert er dann leicht unzweckmäßige. komplizierte und störanfällige Geräte. Die in der Industrie und bei den Behörden vorherrschende Organisation führt praktisch leicht zur Erdrosselung oder Verblendung des schaffenden Forschers und Entwicklers.

- Mangel an technischer Entschlussfähigkeit und Mangel an Autorität in der Leitung der Rüstungsentwicklung

- Eigene Überheblichkeit und Nichtbeachtung ausländischer Entwicklungen und Methoden Außerdem neigt man bei uns dazu, allzu sehr nach dem Aussehen und weniger nach der technischen Brauchbarkeit und den Herstellungsmöglichkeiten zu urteilen. Solche Fehlurteile haben zur Folge. dass entscheidende Anbahnungen im Ausland nicht rechtzeitig erkannt werden- bloß weil der zur Beurteilung gerufene Ingenieur auf seinem Dünkel einschläft. Mit der sattsam bekannten Kulturlosigkeit einiger unserer Gegner wird ohne jede Berechtigung eine Minderwertigkeit In technisch- wissenschaftlicher Hinsicht verknüpft. Dieser für den schaffenden Wissenschaftler und Techniker höchst gefährliche Eindruck entsteht durch:

1. Einseitige Schilderung der Auslandsverhältnisse, die, so wertvoll sie propagandistisch auch sein mag, auf dem Gebiet der technischen Forschung abzulehnen ist.

2.Nichtbeachtung oder Geringschätzung des ausländischen Schrifttums (siehe Bibliotheken in Kiew und Odessa)

3.Verkennen oder wenigstens nicht rechtzeitiges Erkennen technisch- wissenschaftlicher Entwicklungen im Ausland

-übermäßige Wertung des Äußeren und Unwesentlichen sowie Verkennung des in der Forschung, Entwicklung und Kon-

struktion praktisch Entscheidenden

Oft wird bei der Beurteilung der Arbeit und Leistung ebenso wie bei der Personenabschatzung das Äußere und Unwesentliche in den Vordergrund gestellt. Die Aufmachung hat oft mehr Einfluss als die wirkliche Funktion, denn nur selten sind die leitenden Personen mit den Natur- und Grundgesetzen sowie mit den physikalischen Möglichkeiten vertraut. Dementsprechend werden schnelle und imponierende Entschlüsse gefasst, die dann beim Einsatz ein erschütterndes Erwachen zur Folge haben. Anmerkung: Vorstehende Schwächen sind schon bei seltenem Auftreten verantwortlich für starke Drosselung und Widerstände im Kreislauf rationellen Werdens. Besonders schwerwiegend wirkt sich diese Hemmung in der wichtigsten Funktionsstufe der Entwicklung (Erprobung. Typisierung und Konstruktion) aus, wo der Zeitverbrauch etwa 50% betragen dürfte. Gerade diese Entwicklung unterliegt in allzu vielen Fällen der Willkür egozentrisch eingestellter Behörden, Gruppen oder Personen, wodurch häufig zwar alle möglichen Interessen gefördert werden, nur nicht die des Staates."

Die Darstellung ist hier noch relativ frei von politischer Agitation. Die nächste Frage lautet:

„Wie ist noch eine Steigerung unseres Rüstungspotentials möglich? Antwort: - Zentralisierung, Zentralisation und Gliederung nach Sachgebieten aller technischen Forschungs- und Entwicklungsfragen der Rüstung. Alle Gebiete, die in den gemeinsamen Interessenbereich der drei Wehrmachtsteile fallen, sind zu zentralisieren.

Hierdurch werden sinnlose und unfruchtbare Entwicklungen und das Entstehen vielfacher, dabei unzulänglicher Erzeugnisse unterbunden. Welche Möglichkeiten in dieser Hinsicht be-

stehen, zeigt der Organisationsplan der USSR.

- Staatliche Überwachung
Direkte und schärfste Überwachung der Forschung und Entwicklung zwecks Verminderung unnützer Parallelarbeit und zur Verhütung von Fehlentwicklungen. Direkte Fühlungnahme mit den Fachkräften statt mit dem dazu abgerichteten und angelernten "Repräsentanten". Überwachung des zweckmäßigsten Einsatzes wirklicher Fachkräfte.

- Staatliche Vermittlung des Erfahrungsaustausches zwecks Förderung und Beschleunigung der Entwicklung   Die verschiedenen Neuentwicklungen sind durch staatliche Laboratorien und Prüfstellen zu vergleichen und zu untersuchen und auf beste Eignung, Fertigung usw. zu prüfen. Es ist weiterhin dafür Sorge zu tragen. dass einwandfreie und gerechte Wertungs- und Prüfverfahren ausgearbeitet werden, die es gestatten, das beste Produkt einwandfrei festzustellen.

- Koordinierung aller gleichgerichteten Entwicklungen sowie intensive Beobachtung und sofortige Auswertung der Auslandsfortschritte durch eine zentrale Reichsstelle Die Bestimmungen der Geheimhaltung sind einer Prüfung zu unterziehen und so abzuändern, dass sie nicht mehr Schaden als Nutzen stiften. Für die meisten heute unter 'geheim' laufenden Schriftstücke ist die Bezeichnung "Nur für den Dienstgebrauch" völlig ausreichend."

Diese Erkenntnis hat bis heute eigentlich nicht viel an Aktualität eingebüßt. Übertriebener Geheimnisschutz wirkt sich immer noch stark hemmend auf jede wissenschaftliche Tätigkeit aus.

"Die industrielle und technische Beobachtung im Auslande ist mit ihrer Auswertung direkt der Zentralisierung unter ... anzugliedern. Nur durch fachmännische Überprüfung besteht die Möglichkeit, eine im Ausland bereits begonnene Entwicklung rechtzeitig zu erkennen und mit Erfolg fortzusetzen oder zu ergänzen. Um ein vollständiges und untrügliches Bild zu erhalten, ist hiermit eine zentrale Beuteauswertung zu verbinden.
- Förderung der Gemeinschaftsarbeit
Sich ergänzende Forscher und Entwickler müssen zusammengebracht werden, damit aus Teilentwicklungen hochwertige Einheiten entstehen können. Dieser Schritt hat aber nur Erfolg. wenn man gleichzeitig schärfste und rigorose Maßnahmen gegen "parasitäre Erfinder" (hausierende Erfinder) und Ingenieure zweifelhaften Charakters ergreift, denn Charakter, praktischer Idealismus und Gerechtigkeitssinn sind für eine ersprießliche Gemeinschaftsarbeit erste Voraussetzung.

- Unterbindung staatsschädlicher Intrigen
Aufhebung aller privaten Firmenrechte, die es ermöglichen, wesentliche Vorschläge und Übersichten dem Staat irgendwie vorzuenthalten und die es weiterhin gestatten, Fachkräfte an ungeeigneten Plätzen zu binden und aufs tote Gleis zu schieben. Schaffung einer technisch- wissenschaftlichen... Vollmachten... ***(technischer SD)"***

Diese ungeheuerliche Forderung scheint eine direkte Antwort auf die selbst erlebte Missachtung eigener Leistungen zu sein. Dieser Mitarbeiter weist an anderer Stelle nach, dass mehrere seiner abgelehnten Ideen und Erfindungen in aufgefundenen Beutegeräten bereits erfolgreich realisiert wurden.

" -Schnellste Auswertung der Erfindungen und Vorschläge

durch ein eindeutiges und gerechtes Schnellverfahren
Die Forschungs- und Entwicklungsingenieure sollten die der
Rüstung dienenden Vorschläge an eine Sonderabteilung des
Reichspatentamtes in Form eines sachlichen Berichts geben.
Die darin gemachten Behauptungen sind eidesstattlich zu be-
kräftigen. Gleichzeitig müssen die in den Berichten enthalte-
nen Neuerungen den Prioritätsschutz erhalten. Durch diese
Maßnahme kann die Entwicklung stark beschleunigt werden.

- Intensive Beobachtung und sofortige Auswertung der Auslandsfortschritte durch zentrale Stellen.

-Konzentration und Ausrichtung des Fachschriftentums.
Unterbindung weitgehender Überlappung der Berichterstattung. Einheitliche und umfassende Fachzeitschriften, die genau nach Fachgebieten gegliedert sind, Schaffung umfassender und einheitlicher Fachbücher.

-Weitgehendste Typisierung Zusammenziehung von diesbezüglichen Vorschlägen der Fachkräfte auf allen technischen
Gebieten zwecks Auswertung für eine sachliche und praktische Typisierung

-Stetige weitere Anregung für Entwicklungs- und Versuchsin-
genieure Kurzzeitiger militärischer Fronteinsatz der Entwicklungsingenieure zwecks besserer Erfassung der dort bestehenden Verhältnisse.

-Fachkräfte und Könner .. Forschung. Entwicklung, Typisierung. Konstruktion

...nicht vorreden. sondern vorleben, nicht vorschreiben, sondern vorarbeiten.

Die verschiedenen Entstehungsvorgänge im Kreislauf des
Werdens müssen von besten technisch- wissenschaftlichen
Kräften geführt und geleitet werden. Dies ist eine der ent-
scheidendsten Maßnahmen. um eine einheitliche Rüstungs-

planung und -entwicklung zu erreichen. Dem Praktiker ist mehr als bisher Einfluß zu gewähren.

- Einheitliche und zweckentsprechende Schulung der heranwachsenden und in der Praxis stehenden Fachkräfte. Vereinheitlichung der Lehrmittel. Wesentlich stärkere Betonung der Naturwissenschaften, der Mathematik und der angewandten Wissenschaften, Naturphilosophie, Ordnungslehre, Normung, Typisierung, angewandte und praktische Mathematik, Physik, Chemie mit Kernphysik als Grundlage, Schwingungs-, Strahlen- und Strömungslehre sowie deren Anwendung in der gesamten Technik sind dabei in erster Linie zu berücksichtigen. Ganz besonders sind die Zusammenhänge zwischen Mechanik und Elektrizitätslehre in dynamischer, schwingungsmäßiger und strahlungsmäßiger Hinsicht auszuarbeiten und zu lehren. Bedeutende Erweiterung des Experimentalunterrichts und der fachlichen Werkübungen. Einheitliche und umfassende Lehrmittelbeschaffung durch Staat und Industrie, stärkere Verbindung von Universitäten, technischen Hochschulen und sonstigen Lehranstalten zur Industrie , zu den entsprechenden Fachverbänden und zum NSBDT. Laufende Weiterbildung und Schulung der in der Praxis stehenden Fachkräfte durch Vorträge fortschrittlichen Inhalts sowie Berichte und Übungen.

- Schnellste Bekanntgabe aller durch zentrale Beobachtung und Auswertung gewonnenen Auslandskenntnisse an die in Frage kommenden Kreise

Voraussetzung für eine solche einheitliche und umfassende und dabei schnelle Bekanntgabe ist die unverzügliche Einführung einer umfassenden organischen Ordnung sowie die Konzentration und Ausrichtung des Fachschrifttums.

Eine solche Aufgabe ist lediglich durch Schaffung einer zentralen Reichsstelle zu lösen."

An dieser Stelle wird nun endlich das eigentliche Ziel der jahrelangen Material- und Argumentensammlung erkennbar. Eine zentrale Reichsstelle soll geschaffen werden. Die Entscheidung für die konkrete Umsetzung dieses Vorhabens liegt allerdings nicht mehr auf fachlicher, sondern auf politischer Ebene. Eine bisher im Text vorherrschende sachliche Argumentation wird nun durch politische Agitation ergänzt. Derartige Maßnahmen sind einem seriösen Wissenschaftler in der Regel zuwider. Sie sind jedoch in einer Diktatur auch zur Durchsetzung persönlicher beruflicher Ziele unvermeidlich. Leider war eine vollständige Rekonstruktion des Wortlauts nicht möglich. Die verbliebenen Satzfragmente geben jedoch noch genug Information frei, um die Absicht des Autors oder der Autoren zu erkennen.

5. Der Einsatz politischer Agitation

Der sogenannte "Kerntext" erhält nun einen Vorspann. Nach der Behauptung, dass sich "*das deutsche Volk in den letzten Jahren immer wieder auf engstem Raum kämpfen und sich behaupten musste ...*" folgt unleserlich: "*... für den geringen ... Kontakt, den wir mit der Außenwelt hegten. Außerdem g... weilige Überlegenheit auf kulturellem und wissenschaftlichem Gebiet geringen Beobachtungs- und Erkundungstätigkeit Anlass. Nicht ...nistische Neigung dazu beigetragen, von einem planmäßigen... in dieser Hinsicht Abstand zu nehmen. Es ist das Ziel vorliegender Arbeit... für die nun einmal... konkrete Maßnahmen in Vorschlag zu bringen, die es ermöglichen ... lichst nachzuholen oder zumindest eine Grundlage für neue ...*"
Diese Formulierung findet sich in der Regel im einleitenden Teil von Diplomarbeiten, Promotions- oder Habilitations-Schriften oder von ideologischen Arbeiten, welche in Diktaturen stets zusätzlich zum fachlichen Teil einzureichen sind. Im vorliegendem Schriftgut konnten jedoch keine Hinweise auf eine beabsichtigte Qualifizierung gefunden werden.

"Wenn dabei nur vorbildliche und überlegene Eigenschaften... nahmen der Außenwelt erwähnt werde, so nur deshalb... nichts lernen können, und weil diese schon hinreichend... Für den erwünschten siegreichen Ausgang eines Krieges... Vorzügen seines Gegners zu befassen und als sich an den Nachteilen zu berauschen... unangenehme Überraschung in der... hängt aber heute ebenso sehr von der Technik ... daher auf dem technisch- wissenschaftlichem... zu radikal und kein Opfer zu groß... schaffen, die den Gegner.

*auch trotz seiner… und Material zu bezwingen. Und erst recht
d… unserer Soldaten zu sparen: eine einzige kleine… unbekannt bleibt, kann Ströme dieses kostbaren…"*
Hier ist mit Sicherheit das Blut der getöteten und verwundeten
Soldaten gemeint. welches durch überlegene Technik nicht
mehr in solchem Ausmaß vergossen werden sollte. Typische
nationalsozialistische Parolen oder gar Führerzitate sucht man
hingegen vergebens. Im Gegenteil, das Wort "Führer" kommt
im lesbaren Teil nicht vor.

6. Der Aufbau der neuen Dienststelle

Nun werden die Schritte zur Errichtung genannt:

"Die gegenwärtigen Umstände fordern gebieterisch, das versäumte unverzüglich nachzuholen und schnellstens eine Reichsstelle für reichs- und wehrwichtiges technisch- wissenschaftliches... zu errichten. Aus ... ist die weitgehendste Zusammenarbeit und Verflechtung mit Ministerien. Behörden. Instituten und Firmen zu ersehen. Es ist daher schwer, schon jetzt eine genaue...   der erforderlichen Verpflichtungen im Auswertungsverfahren zwischen dem Dienst und ...Stellen zu ziehen."

Grundlage für das entwickelte Modell der Zusammenarbeit dürfte die Organisation der Wissenschaft der USA gewesen sein. Ein entsprechendes Schema ist beigefügt

"Zweck und Aufbau
Eine einleitende Erkenntnis findet in der Geschichte der Staaten und Völker ihre Bestätigung. Als lebensbejahendes Volk muss es demnach unsere Pflicht und Aufgabe sein, die Erkennung, die Erfassung und die Auswertung aller Eigenschaften, Entwicklungen, Maßnahmen, Pläne, Ausrüstungen und Einrichtungen der Umwelt, die den eigenen Fortschritt ergänzen und fördern, und so eine nie... ne Größe ermöglichen, schnellstens, mit aller Energie ...ässig zu betreiben."
Nach dieser ideologischen Einstimmung geht die Planung konkret ins Detail:

"Notwendiges Personal, Einrichtung und Ausrüstung

In Anbetracht der noch nicht festliegenden Arbeitsteilung mit den verschiedenen Verwendungsstellen sind nur ungefähre Angaben hinsichtlich Personal, Räume, Maschinen und sonstige Einrichtungen und Zubehör möglich. Diese Aufstellung ist unter der Annahme durchgeführt, dass keinerlei Arbeiten von den Verwendungsstellen übernommen werden.

Beobachtung:

6 Ingenieure und technische Kaufleute mit Kenntnissen der Kriegstechnik und des Auslandes (USA. England, Russland)

Gefangenenauswertung:
2 Kräfte - ein Auslands- Ingenieur und ein Auslands- Kenner für USA und England

2 Kräfte - ein Auslands- Ingenieur und ein Auslands- Kenner für Russland

Schrifttum:
12 Kräfte. möglichst Physiker, Chemiker und Ingenieure Kenner des technisch- wissenschaftlichen Schrifttums Nachrichten:
2 Kräfte mit technisch- wissenschaftlichen Kenntnissen

Beuteauswertung:
16 Fachkräfte. Physiker, Chemiker, Ingenieure. Militärsachverständige mit Auslandskenntnissen

Kartei

Registratur
Bücherei
Lesezimmer
Vervielfältigung

*Aufteilung des Personals für die Gruppen Schrifttum, Beu-
teauswertung, Erkennung und Auswertung*

EA- Erkennung/Auswertung, S- Schrifttum, B- Beute

*1 Allgemeines: Philosophie der Natur, Statistik, Volkswirt-
schaft, öffentliche Verwaltung, Erziehung, Unterricht, Fach-
ausbildung, Handel und Verkehr: …*
2 Kriegskunst, Kriegswissenschaft: 1S, 1B
3 Mathematik, Physik, Ballistik: 1 EA
4 Chemie: 1 EA, 1S
*5 Chemische Kampfstoffe, Bakterien, Medizin, Gesundheits-
wesen, Bekämpfung chemischer Kampfstoffe und Bakterien:
1 EA, 1 S, 1 B*
*6 Maschinenbau, Kraftmaschinen, Motoren, Triebwerke, Hebe-
und Fahrzeugbau: 1 EA. 1 B*
*7 Elektrotechnik, Nachrichtenwesen, Hochfrequenztechnik,
Bildübertragung, Fernsehen, allg. Messtechnik: …*
8 Militäringenieurwesen, Befestigungen: 1 EA,…
9 Waffen und Munition: 1 EA, 1 B
*10 Kriegsmesstechnik, Entfernungsmesstechnik, Kriegsnach-
richtentechnik, Flächen- und Raumortung, Richt-, Ziel,. Steuern, Selbststeuern, Fernsteuerung, Tarn- und Störungswesen
und Fernsehen: 1 EA,… 1 B*
*11 Heerestechnik. Heeresfahrzeuge. Landfahrzeuge. Sonder-
gerät des Heeres: 1 EA, 1 S, 1 B*

12 Marinetechnik, Marinefahrzeuge, Wasserfahrzeuge, Sondergerat der Marine: 1EA, 1 S, 1B
13 Luftfahrttechnik, Luftwaffenfahrzeuge, Sondergerat der
Luftwaffe: 1 EA, 1 S, 1B.
14 und Tiefbau, Eisenbahn- und .. Wasser- und Seebau, Ge-
sundheits-. Handels- und Verkehrstechnik, Organisation und
Betrieb: 1 E, 1A, …
15 Chemische Technik, Spreng- und Treibstoffe, Öle, Fette,
Glas, Keramik, Zement, Farben, Metallhüttenkunde und Metal-
lurgie: 1 E, 1A, 1S, …
16 Verschiedene Industrien, Metall-, Holz-, Leder-, Papier-,
Textil-, Kautschuk- Industrien, Feinmechanik und sonstige
Gewerbe, Psychotechnik Nennung. Typisierung und Ordnung
1 E, 1A, 1S

Die Kombinationen 1a. 1b. 1c. 1d bedeuten, dass die verschiedenen Gebiete von einer Person bearbeitet werden. Diese konnten allerdings nicht mehr zugeordnet werden.
Für die insgesamt 93 Arbeitskräfte, 50 männliche und 43 weib-
liche, des eigentlichen technisch- wissenschaftlichen Dienstes
erschienen ca. 500m2 Raum sowie folgende Einrichtungen
und Ausrüstungen notwendig:

2 automatische Photokopiermaschinen für Zeitschriften
2 Vervielfältigungsmaschinen für DIN A4 und DIN A3
1 Druckmaschine
18 Schreibmaschinen Normalschrift
2 Schreibmaschinen Normalschrift mit langem Wagen
3 Schreibmaschinen Perlschrift
10 Panzerschränke
30 Holzschranke
25 Regale und Karteischränke

50 Schreibtische und Stühle

20 Schreibmaschinentische und Stühle

25 Tische und Stühle

4 Zeichenbretter und Tische, 1 großes und 3 mittlere

4 Tischzeichenbretter

2 Dienstautos

2 Botenfahrräder

Dieser Aufwand. der als ein Minimum angesehen werden kann, ... als zu hoch erscheinen. Die Leistungsfähigkeit der geplanten... aber das Produkt der Qualität und der Quantität der eingesetzten Kräfte Außerdem ist nicht zu vergessen,. dass hiermit morsche. erfolgsarme und egoistische Gebilde abgelöst werden sollen, die insgesamt mindestens das 15 bis 20-fache an Personal und Einrichtungen beanspruchen. Der erhöhte Wirkungsgrad ist im Wesentlichen auf die Unterbindung jedweder Parallelarbeit zurückzuführen."

Nun wird ausführlich erläutert und begründet, welche Arbeiten in der geplanten Dienststelle ausgeführt werden sollen:
„Erfassung, Anzeige, Auswertung, Verteilung technisch- wissenschaftlichen Auslandsschrifttums
Der seit Jahren immer spärlicher werdende Eingang technisch- wissenschaftlichen Auslandsschrifttums hat dazu geführt, dass in letzter Zeit Ministerien, Ämter, Institute. Firmen und Personen sich damit befassen, eine Zentralisation oder ein Monopol der Beschaffung und Auswertung zu erwirken. Trotz vieler Bemühungen und Besprechungen konnte kein entsprechendes Ergebnis erzielt werden. Eine genaue Überprüfung der augenblicklichen... auch einen nennenswerten Erfolg in absehbarer Zeit nicht erwarten. Die Gründe hierfür

sind:

1. Fast jede Amtsstelle, Gruppe oder Person versucht, eine einseitige Zentralisation herbeizuführen.

2. Es befassen sich mit dieser Angelegenheit zum Teil Personen fragwürdiger Existenz oder sehr geringer Sachkenntnis. Fachleute, die über Erfahrung und Sachkenntnis verfügen sowie die Erfordernisse in Forschung und Entwicklung aus eigener Erfahrung kennen. sind dagegen sehr selten eingesetzt.

3. Es ist keine Stelle in der Lage, eine sachliche und allgemein nutzbringende Entscheidung herbeizuführen.

*Um die schnellste. reibungsloseste und rationellste Erfassung, Auswertung und Verteilung des wesentlichen technisch- wissenschaftlichen Auslandsschrifttums zu gewähren, erscheint folgender Weg die geeignetste Lösung: Alle technisch- wissenschaftlichen Auslandsschriften, die über Deutschlands Grenze kommen, durch eine Zentralstelle in kürzester Zeit erfassen, auswerten und wichtige Auszüge verteilen zu lassen. **Dies kann ohne Verletzung irgendwelcher grundsätzlichen Gesetze geschehen**. ... Voraussetzung, dass der Zugang zu den drei Eingangskanälen des gesamten auswärtigen Schrifttums ermöglicht wird. Diese Kanäle sind:*

A Zensur

Das hier anfallende technisch- wissenschaftliche Schriftgut ist zu erfassen und. wenn wichtig, zu kopieren (Negative herstellen). Die hierfür erforderliche Zeit braucht nicht mehr als 24 Stunden zu betragen.

B Kurier

Das auf diesem Wege eingehende technisch- wissenschaftliche Schrifttum ist gesondert über die geplante Reichsstelle zu leiten, wo es ohne praktischen Zeitverlust erfasst, kopiert und an den Kurier oder Empfänger weitergeleitet wird.

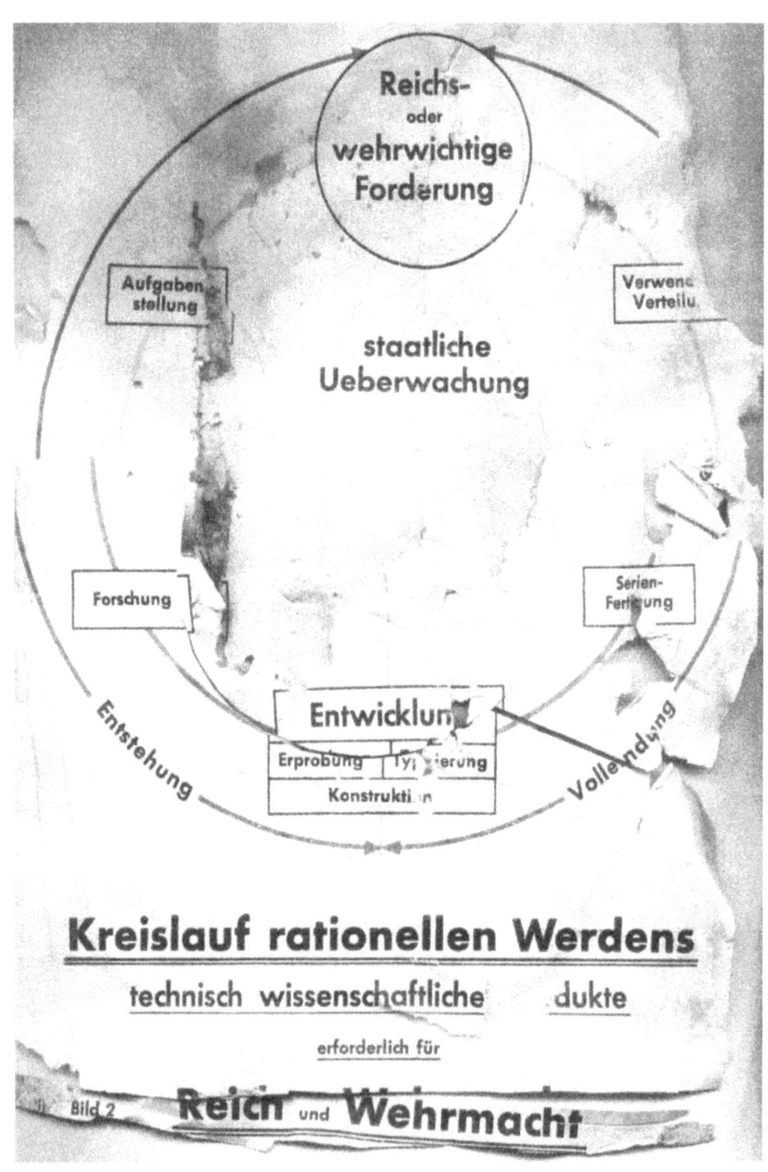

Abb.7 Der sogenannte Kreislauf rationellen Werdens

C Einreisende

Technisch- wissenschaftliche Schriften aus dem Besitz einreisender Personen sind von der Grenzstation schnellstens der Zentralstelle zuzuleiten. **Dem Besitzer ist die Versicherung zu geben, dass er das Material sofort mit entsprechender Entschädigung oder Anerkennung zurückerhält."**

Dieser Vorschlag einer Entschädigung dürfte wohl einmalig in der Geschichte der Nachrichtendienste sein.

7. Die geplanten Arbeitsvorgänge

In der Zentralstelle sind folgende Tätigkeiten geplant:

"1. Erfassen

Durch die Erfassung werden Veröffentlichung (Zeitschrift oder Buch), Absender, Beschaffer und Empfänger festgelegt. so dass einerseits eine klare und eindeutige Übersicht entsteht und andererseits der wirkliche Beschaffer auch seine gebührende Anerkennung erhält. Somit kann die weitere Beschaffung nicht nur gesichert, sondern sogar gefördert werden.

2. Kopieren und vervielfältigen

Jede wichtige Schrift ist sofort auf rationellstem Wege zu kopieren. so dass je nach Bedarf beliebig viele Kopien zur Verteilung gelangen können. Die Negative sind in feuer- und bombensicheren Räumen am Standort der Zentralstelle aufzubewahren. Eine zweite Aufbewahrungsstelle für wesentliche Kopien ist aus Sicherheitsgründen etwa in der Nähe von Leipzig oder München zu errichten.

3. Anzeigen

Der erste Schritt zur Auswertung ist die Schnellanzeige der betreffenden Veröffentlichung , damit die interessierten Stellen sich jeweils über den Stand des Eingangs bzw. des Vorhandenseins von Veröffentlichungen ein Bild machen können. Als zweiter Schritt werden von geschulten Fachkräften die einge-

henden Veröffentlichungen gelesen, die interessierenden Teile
vervielfältigt und in Karteiform nach Sachgebieten geordnet
registriert. In regelmäßigen Abständen (wöchentlich oder 14-
tägig) werden die anfallenden Karteikarten, die außer der
Sachgebietsangabe nach DK noch Erscheinungsdatum und
Quelle sowie genauen Titel. Autor und Umfang sowie ein Kurz-
referat enthalten, in Form von Blättern vervielfältigt. Diese
können von den Empfängern zerteilt ebenfalls in Karteiform
einheitlich geordnet aufbewahrt und laufend ergänzt werden

4. Verteilen

Aus der Zeitschriftenschnellanzeige können die interessierten
Stellen ersehen, was für Material vorliegt, aus der Literatur-
schnellanzeige, welches Material bereits bearbeitet und in
Form von Fotokopien zugänglich ist. Letztere können auf einfachste Weise an Hand der DK- und WD- Nummern. die auf
den Karteikarten angegeben sind, angefordert werden. Wünsche der interessierten Stellen in Bezug auf Beschaffung von
Schrifttum können so in übersichtlicher Form befriedigt werden. In den vier vorerwähnten Aufgaben ist die Hauptarbeit
der Zentralstelle zu sehen. Die vollständige wissenschaftliche
Auswertung besonders wichtiger Beiträge wird in der Mehrzahl
der Fälle durch die Fach.. erfolgen können. Die Zentralstelle
sollte hier die Funktionen des Überwachens und Steuerns haben. Durch vorstehende Maßnahmen können eine große Zahl
der bestehenden offenkundigen Mängel in der Auswertung der
Fortschritte des Auslands behoben werden. Insbesondere wird
dadurch erreicht: Fruchtbringende Beschleunigung der oft um
Jahre nachhinkenden Schrifttumsbeschaffung. Unterbindung
der berüchtigten Zusammenstellung von wichtigen Nachrich-

ten als vorhandenem Schrifttum ohne Quellenangabe. Statt vielfältiger und unzulänglicher Parallelarbeit umfassende Auswertung bei beträchtlicher Kräfteersparnis. Statt planloser Devisenverschleuderung erhebliche Devisenersparnis. Statt unübersichtlicher und daher leicht urteilsloser Beschaffungssorgen. ein klares Bild über das wirklich fehlende Schrifttum, für dessen schnellste Beschaffung Sorge getragen werden kann."

Die Punkte werden nun weiter untersetzt:

"Das Erfassen

Die Aufgabe des Erfassens liegt darin, neues und ergänzendes... durch die Erkennung angedeutet ist, in allen Einzelheiten genauestens aufzu... übermitteln. Die Wahrnehmung neuen Wissens ergänzt das Gesamtwissen, löst... Fragen und gibt Anlass zu neuen Fragen. Somit ist in einem lebendigen Wissensdienst ein stetiges Erneuern der Anweisungen, Fragen und ...

Raketen

Pulver- oder Flüssigkeitsrakete:

Stabilisierung: Drall oder Flächen?

bei Drallstabilisierung sind Düsen zur Längsachse der Rakete versetzt, bei Flächenstabilisierung sind Düsen zur Längsachse der Rakete parallel und äußerlich schnell erkennbar durch Leitflächen (Flossen)

Kaliber: Länge: Form:

Gesamtgewicht: Leergewicht:

Treibstoffgewicht: Sprengstoffgewicht:

Art des Treibstoffes (Pulver oder Flüssigkeit):

Welche Sauerstoffträger bei Flüssigkeitstreibsto...

...ches Behältermaterial für Sauerstoffträger:

...nge kann Sauerstoffträger im Behälter verbleiben:

... oder Korrosionserscheinungen bekannt:

...Sprengstoffe werd... benutzt:

...zliche Steuermittel der ...ete, Selbst- oder Fernsteuerung:

...n irgendwelche Startvorrichtungen mit zusätzlicher Schubkraft benutzt:

...chsrakete: oder bereits in Fertigung:

...he Mengen pro Zeit?

...werden Raketenforschungen, Entwicklungen und Versuche betrieben:

Wieviel Personen sind da an beteiligt:

Ingenieure: Sprengstoffspezialisten:

Namen der technischen und wissenschaftlichen Leiter:

Wo sind weitere Raketenforscher und -entwickler gegenwärtig tätig und wohnhaft:

An welchem Ort, Institut, Werk, Versuchsanstalt, Versuchsfeld usw. sind nachstehende Raketen-spezialisten gegenwärtig wohnhaft und tätig:

USA
Prof. Robert H. Goddard, Mescalero Ranch, P. O. Box 976, Roswell, New Mexico, tätig im Physics Dep't der Clark Universität.
C. E. Pendrays, Präs. d. amerik. Rocket Soc., 485 Westchester Ave, Crestwood, NY. Ch.
A. Ahrens, P. van Dresser, Max Krauß, Dr. Samuel Lichtenstein, Dipl. Ing. E. Loebel,
Präs. d. Cleveland Rocket Soc., Harry Haver, J. V. Christ, C. M. Leinweber, R. R. Richards, J. E.
Lindstrom, C. V. Mathias, Dr. Hugo K. Polt, Fred W. Downby, C. A. Prindle, C. B. Krause, Willy
Ley, 32—18, 79 th Street, Jackson Heights, Long Island, N. Y., Herbert Schäfer.
Kanada
P. Beston, Universität Saskatchewan, Saskatoon, Sask.
England
P. E. Cleator, Präs. d. Interplanetary Society 34 Oarside Drive, Wallasey, Cheshire, England C. H.
L. Binns, R. S. Chambers, T. E. Free, L. J. Johnson, Reymond Thiele, Richard Thiele, N. Weedall.
Rußland
Prof. N. A. Rynin, Jonkowskajastr. 4, Wohng. 9, Leningrad 104 UdSSR.
...ngemak, W. P. Gluschkow.

Abb. 8 Erfassungsbogen für Raketen

Beobachtung und Wahrnehmung
a) durch Personen, Gesellschaft und Vertret…
b) durch offizielle Vertretungen des…
Die Beobachtung und Wahrnehmung durch beso… Vertre-
tungen des Reiches ist bisher für… technisch- wissenschaft-
lich … beschränktem Umfange durchgeführt worden. Die Be-
gründung… keine klar umrissenen Aufgaben vorlagen und
dass durch… solcher Personen sehr leicht diplomatische
Komplikationen aus… Auf technisch- wissenschaftlichem Ge-
biete kann in dieser Hinsicht… werden, Besondere Schulung
und Erarbeitung geeigneter Anl… sowie eine lebendige Ver-
bindung zwischen den hier eingesetzten Erkennungs- und
Auswertedienstes sind die Voraussetzungen… Im Zusam-
menhang mit der Erfassung durch Personen ist deren Wahl
sowie Ausbildung und Schulung von besonderer Wichtigkeit.
Es ist die Frage aufgeworfen worden. ob auf dem jeweiligen…
Personen mit allgemeinen Fachkenntnissen… leute mit Erfolg
eingesetzt werden können Arbeiten nur der gut versierte
Fachmann… gen auch andere Personen mit technischem…
Außerdem ist in dieser… grundsätzlich… Frage des Charak-
ters der hier eingesetzten Personen. Die bisherige sehr unge-
schickte Dienstbezeichnung sowie die einseitige und eigene…
Dienstauffassung sind dafür verantwortlich, dass vielfach
abenteuerliche und sensationsbedürftige Menschen zweifel-
haften Charakters herangezogen wurden. Ein vorbildlicher
Wissensdienst stellt aber die Forderung, dass man gerade für
die Lösung derartiger Aufgaben und Probleme den charakter-
festen, ruhigen und ausgeglichenen Menschen benötigt. Auch
in dieser Hinsicht haben uns Auslands- deutsche und Auslän-
der immer wieder aufbauende Kritik geliefert. z.B. Silber: „Die
anderen Waffen"; Harpers Magazine: „Ten Nazi Spies" usw.

Die primäre Arbeitsgruppe oder der innere Kreis kann dazu nur aus charakterfesten Personen bestehen, während im sekundären oder äußeren Kreis auch abenteuerlustige und sensationsbedürftige Personen zweifelhaften Rufs nach altbewährtem Muster eingesetzt werden können. Dass eine Verbindung mit im Ausland stehender Erfassungsleute unterbleiben muss, erscheint selbstverständlich, ist aber leider bis zur Gegenwart oftmals das Verhängnis einer größeren Anzahl von Personen geworden. Es ist weiterhin notwendig, daß besonders den in der primären Arbeitsgruppe der Erfassung eingesetzten Personen die gebührende Anerkennung zugesichert und auch zu Teil wird.

Militärische Beobachtung und Erkundung sowie Beobachtung durch neue technische Mittel

…und schwer zugängliche Stellen erfordern unter Umständen Einsatz unter Benutzung von Flugzeugen, Segelflugzeugen, Schiffen, Unterseebooten usw. Außerdem kann es erforderlich sein technische Geräte einzusetzen. die es bei Tag, Nacht und Nebel eine direkte … Beobachtung zulassen. …wertung ausländischer Fachkräfte… sind erhebliche Fehler unterlaufen, die auf Unkenntnis und Überheblichkeit zurückzuführen sind. Manche gute Fachkraft hat sich auf Grund des Verkehr… Unverstandenseins wieder ins Ausland zurückbegeben, ohne dass ihr Wissen… wie ausgenutzt werden konnte… Unterstützung von Störungsplänen sowie zur eigentliche Störung der gegnerischen Industrie kann von den in Deutschland anwesenden Fachkräften …sehr… werden

Das Erkennen

Der ausschlaggebende Faktor ist allerdings in der geringen Fühlungnahme der zusammenhängenden Gerätegruppen zu sehen. Jede Gerätegruppe ist aus Geheimhaltungsgründen ... deren schon erwähnten nachteiligen Eigenschaften fast hermetisch abgeschlossen. Auch lässt das gegenseitige Verständnis der verschiedenen technischen Fachgruppen sehr zu wünschen übrig. Letzteres ist dadurch bedingt, dass nur wenige Ingenieure neben den erforderlichen Spezialkenntnissen eine gute allgemeine Übersicht besitzen und den der Praxis entsprechenden Versuch immer als letzte Entscheidung sprechen lassen. Durch diese Übelstände entstanden viele unzweckmäßige Geräte. Weder die rein theoretischen noch die rein praktischen Erwägungen sind die Allheilmittel, sondern das mit den Notwendigkeiten sich Vereinbarende ist der Weg zur Lösung des Problems. Die Fortschritte der Wissenschaft und Technik sind weniger aus diesbezüglichen Zukunftsromanen entstanden, als aus dem rhythmischen Gang zwischen sachlich und logisch aufbauender Theorie und dem ewig und immer fragestellenden Experiment. Harte und oft verzweifelte Arbeiten und Experimente sind die Voraussetzungen des Fortschritts. Nicht der schnelle und zunächst imponierende Entschluss. der dann später oft ein ernüchterndes Erwachen zum Nachspiel hat, ist der Hauptträger des Fortschritts, sondern der in keiner Weise gegen Naturgesetze verstoßende Plan und Weg, den mit Ausdauer und Beharrlichkeit... höchste Aufgabe des Forschers und Entwicklers...

... mit Mystik von sogenannten Wundern der... Todesstrahlen, Atomzertrümmerung, unvorstellbaren... starker

Energien mittels Strahlen usw. geschrieben und er ... den die Schlachten noch mit greifbaren, aber gut durchdachten... **Damit soll nicht gesagt sein, das die kernphysikalischen und... ungültig sind, sondern dass grundlegend neue Erkenntnisse ... ner intensiven Bearbeitung, Experimentation und Erprobung** *... fähig und sich dann doch anders aus ... gesagt und erwartet. Für die neue Waffe ist eine A ... "*

Hier geht es um die Atombombe, deren Entwicklung nur wenige Kilometer östlich von Trebbin, in Kummersdorf, erfolgte. Die Textfragmente bestätigen die bekannte Erkenntnis, dass sich die Forschung zu dieser Waffe zu diesem Zeitpunkt, also bis Mitte 1944, noch in der Anfangsphase befand, dass nicht einmal die Theorie bestätigt und dass es eigentlich unmöglich war, bis zum Kriegsende ein einsatzfähiges Exemplar herzustellen. Es gibt im gesamten Schriftgut und in den Notizzetteln keinen einzigen Hinweis auf das Vorliegen neuer Erkenntnisse zu dieser Frage. Das Papier ist aber leider auch an dieser hochinteressanten Textstelle nicht mehr vorhanden.

8. Unerwartete Argumente

Eine besondere Bedeutung wird den eingesetzten Fachkräften zugemessen. Durch die Übernahme und Wiedergabe des folgenden Fremdtextes, der "zudem möglichst vielen Menschen bekannt gemacht werden sollte", werden Wesenszüge von Demokraten mit humanistischer Grundeinstellung zum Ausdruck gebracht, eine Einstellung, deren Offenbarung und schriftliche Niederlegung angesichts des damit verbundenen Risikos aus heutiger Sicht völlig unbegreiflich erscheint:
"Die Wertung der Fachkräfte ist hierbei gemäß der Wichtigkeit

nach aufgestellten Folge vorzunehmen: Charakter- Können-Wissen. **Der wirtschaftliche   Wert der Berücksichtigung der Individualität des Menschen ist natürlich jetzt allgemein bekannt.** *Diese Sätze beziehen sich auf ein Buch von D. A. "Anwendung der Psychologie im Geschäftsleben". Dort wird eine Druckerei erwähnt, in der die Leistung pro Arbeiter auf 80%» stieg, wenn den meisten von ihnen Aufgaben zugewiesen wurden, die ihren persönlichen Fähigkeiten am besten angepasst waren. Diese Anpassung einer Arbeit an eine Person wurde im Laufe einiger Jahre durch das Verfahren erzielt, etwas zu versuchen und dann aus den Fehlern zu lernen. In dem Maße, in dem eine Industrie in allen Faktoren*

1. *Pflege der Persönlichkeit*
2. *Unbegrenzte Möglichkeit für...einen*
3. *Anpassung der Arbeit an...*
4. *Menschenwürde*
5. *Soziale Gleichberechtigung*
6. *Freie Diskussion von Problemen*
7. *Kritik*
8. *Toleranz*
9. *Sympathie*
10. *Verminderung der Autorität der... durch Übertragung derselben auf kleine Gruppen und Ausschüsse*
11. *Der Vorgesetzte als geschickter Führer... (und nicht in Gestalt eines? d. Autor)* **hartgesottenen, unduldsamen Diktators von vor 100 Jahren**
12. *Gute Arbeitsbedingungen*
13. *Ausweitung der Personalabteilungen, die bei ihrer Arbeit auf der Grundlage von Sympathie und Verständnis vorgehen sollten*
14. *"Fair play"(ehrliches, unparteiisches Handeln)*

Erfolg hat, gibt sie mehr Menschen Gelegenheit "glücklich zu werden", was in erster Linie in der Befriedigung des Dranges nach Erfüllung der nachstehenden Wünsche beruhen soll:

1. Etwas zu schaffen und über die Ergebnisse nachzudenken

2. Seine hervorstechenden Fähigkeiten anzuwenden

3. Hindernisse zu überwinden

4. Gemeinsam zu arbeiten

5. Gerecht behandelt zu werden

*Es ist zu bedenken. daß die meisten amerikanischen industriellen Unternehmungen so gut geleitet werden, daß jeder neue Faktor physischer und psychologischer Art, der ihren Betrieb merklich beeinflusst, praktisch sofort festgestellt und seine Wirkung zahlenmäßig ermittelt wird. In dieser Beziehung sind wesentliche Vorzüge gegenüber politischen, wirtschaftlichen und sozialen Funktionen einer Gesellschaft zu verzeichnen, bei der die verschiedenen Einflüsse wirklich so getrennt werden können, daß man sie experimentell auf ihre Wirkung hin untersuchen könnte. Es bleibt also notwendigerweise einer jahrelangen sozialen Entwicklung überlassen, ob sie angenommen oder verworfen werden, während welcher Zeit nur Besprechungen über ihre Art und Beschaffenheit geführt werden und sie daher die unglücklichen Opfer der Demagogie werden können. Während also außerhalb der Fabriktore viele über den relativen Wert von Demokratie und Diktatur in ihrer Anwendung auf politischem, wirtschaftlichem und sozialem Gebiet debattieren, **beweisen innerhalb dieser Tore Millionen von Amerikanern täglich, daß demokratische Grundsätze keine veralteten Erfindungen oder unpraktischer***

Idealismus sind, sondern den praktischsten sozialen Mechanismus bilden, der den Menschen am besten hilft, gemeinsam zum allgemeinen Wohl zu arbeiten, indem sie gemeinsam diskutieren, Kompromisse schließen, Entscheidungen treffen, sich vereinigen und wirken."

Es ist eigentlich unvorstellbar, dass technische Angehörige der Waffen- SS derartige Gedanken übernehmen. Aber es handelt sich bei diesen Sätzen um die Wiedergabe einer amerikanischen Quelle, die im Original vollständig beigefügt wird, aber ebenfalls nicht mehr lesbar ist. Im vorliegenden Zusammenhang ist eine Anspielung auf den deutschen Diktator und das Nahelegen einer Rückkehr zur Demokratie wohl kaum übersehbar. Allerdings darf man dabei nicht vom heutigen Demokratiebegriff ausgehen. Die Demokratie in den damaligen USA wie auch die in der DDR war immer nur die Demokratie einer bestimmten Schicht oder Klasse. Ein "demokratischer nationaler Sozialismus" wäre undenkbar.

Zurück zum ursprünglichen Anliegen des Erkennens, wird neben der Wertung der Fachkräfte als zweite wichtigste Aufgabe genannt:

"Einführung einer umfassenden organischen Einheitslehre oder Ordnungslehre, die es gestattet, den einzelnen Menschen mit fortschrittlichem Können und Wissen auszurüsten und die und tieferes Eindringen in die komplizierten Probleme und Vorgänge der Naturwissenschaften und deren Anwendung ermöglicht. Während der erste Teil der Lösung unter den angegebenen Voraussetzungen sehr schnell verwirklicht werden kann, bedingt der zweite eine gründliche und geschickte Vorbereitung.

Derjenige Staat, der im richtigen Zeitpunkt die einfachste und umfassendste organische Ordnung einführt, hat die Voraussetzung zur größtmöglichen Nutzbarmachung der Naturwissenschaften und der Naturkräfte geschaffen. Organische Ordnung oder Einheitsordnung sowie Nennung und Typisierung tragen, abgesehen von den schon erwähnten Vorteilen, ganz erheblich zur inneren Starke und zur natürlichen und festen Bindung eines Volkes und Staates bei. Ist nicht hiermit zum großen Teil die Zähigkeit Russlands und In gewisser Hinsicht auch der USA zu begründen, da bei diesen Staaten von einer Bindung auf ... Grundlage kaum die Rede sein kann? Im Anbruch des Zeitalters großer ... neuer wissenschaftlicher Erkenntnisse und Fortschritte ... wendung wird der Mensch immer mehr an den durch den Fortschritt ermöglichten einfachen und natürlichen Anwendungen haften. Man kann nur mit schmerzlichem Empfinden ... richtungen vorhanden sind, die auf die einführenden Vorarbeiten... Ordnung schließen lassen. Die Vorschläge des deutschen Wissenschaftlers und Chemikers Wilhelm Ostwald wurden in der Heimat verkannt ... gefunden und in der USSR ausgewertet."

Wilhelm Ostwald fand bekanntlich das erste großtechnische Verfahren zur Ammoniakverbrennung, nach weichem Salpetersäure aus Luft gewonnen werden kann.

"Auch die gezogenen Vergleiche amerikanischer... ordnung und Organisation lassen... den Russen einen sachlichen ... bewusste Einschaltung der Wissen- und Naturwissenschaft und... Rüstung bereits erkennen. Es ist nur zu hoffen. daß eine durch... dingte Kraftentfaltung früh genug erkannt und durch entsprechende... Planungen und Einrichtungen ausgeglichen und überholt wird.

Klassifikation des Wissens

Technisch- wissenschaftliches Wissen
*Es gibt wohl kaum eine Wissenschaft, der im Dienste der Erhaltung des Reiches und der Wehrfähigkeit nicht irgendeine Bedeutung zukäme. Die Geschichte wird aber bald beweisen können, daß derjenige Staat, der die Erforschung und Erschließung der Naturwissenschaften und Naturgesetze als höchste und vordringlichste Aufgabe betrachtet und entsprechend handelt und darüber hinaus die gewonnenen Erkenntnisse für die Erhaltung, Stärkung und Verteidigung des Volkes anwendet, **über alles auf dieser Erde und im Weltall** den Sieg erringt."*

Vielleicht hat man damals über diese Formulierung gelächelt. Aber diese geniale Prophezeiung sollte in Erfüllung gehen. Nur war es nicht das Deutsche Reich, dem dies geschah. Mit Hilfe deutscher Wissenschaftler wurden USA und UdSSR zur Weltmacht. Auf dieser Erde und im Weltall.

"Auswertung für die Wehrmacht, Ministerien, Behörden. Institute, Archive, Büchereien und Industrie
Während für die Staatsführung eine Sonderbearbeitung notwendig erscheint, ist für die weiteren Behörden, Institute, Fachverbände und Industrie eine einheitliche .. zweckmäßig. Entsprechend den Interessen dieser Stellen werden lediglich die nach der vorgenannten Klassifikation des Wissens eingestellten Blätter zu einem Bericht zusammengestellt. Zum Beispiel interessieren sich die verschiedenen Oberkommandos im Wesentlichen für militärische und militärpolitische Tatsachen, während militärtechnische, technische und wissenschaftliche

Angaben wert sind... Es ist somit möglich, dass irgendwelche Kombination von Sachgebieten je nach Wunsch der verwertenden Stelle zusammengestellt wird. Weiterhin lassen sich die je nach dem Grad der Geheimhaltung beliebig ordnen. **Anscheinend konnte uns nur eine Krise oder Anzeichen einer drohenden Katastrophe aus dem vorherrschenden Überheblichkeitsdusel aufrütteln.** *Denn auch die ... zeigt uns, daß diese oder ähnliche Fehler immer wieder begangen werden ... an Beispielen und Mahnungen gefehlt. Von Thales und Pythagoras den und auslandserfahrenen Wissenschaftlern und Ingenieuren eine Fülle von mahnenden Geschehnissen. Viele gute, auslands ... die der Heimat helfen wollen und sich mit Können und Erfahrung ... wurden bitter enttäuscht. zogen sich zurück oder gingen ... wieder ins Ausland. Diese Tatsache veranlasste leider andere ... auslandsdeutsche Fachkräfte, gar nicht erst den Versuch zu machen ... er klar sehende , einheimische Wissenschaftler und Ingenieur nicht ... verworfen worden, weil seine Vorschläge zu radikal waren und verzopften Geisteswissenschaften, kommerziellen Gepflogenheiten und sonstigen Gebräuche zu sehr störten."*

9. Ein harter Angriff

Eine Begründung der Namensgebung

"Eine scheinbare Äußerlichkeit, aber dennoch sehr wichtig, ist die Bezeichnung/Benennung des Dienstes. Die Amerikaner haben in ihrer Bezeichnung des Geheimdienstes besondere Geschicklichkeit bewiesen. Sie nennen ihn "Intelligence Service", d.h. Intelligenzdienst. In diesen Dienst hat sich mit Freude und Stolz jeder anständige und charaktervolle Amerikaner gestellt. ***Wir dagegen konnten auf Grund unserer abschreckenden Bezeichnung häufig nur Personen zweifelhaften Charakters, finsterer Vergangenheit, besonderer Untauglichkeit oder großer Abenteuerlust und Sensationslust gewinnen.*** *Dieser bittere Vorgeschmack steht auch heute noch der Heranziehung besonders geeigneter Kräfte entgegen. Es erscheint deshalb ratsam, die alten Bezeichnungen fallen zu lassen und zu sinnvolleren und treffenderen Bezeichnungen überzugehen. Denn letztendlich ist die offizielle diplomatische Vertretung neben ihrer Überbringer- und Ver ... in erster Linie ein Wissensdienst und weniger ein landläufiger Nachrichtendienst oder gar eine Spionagezentrale. Die neuere Bezeichnung 'Nachrichtendienst' weist auf einen Inhalt hin und läßt vielerseits eine Art Unterhaltungslektüre erwarten ... ge*

genwärtig von gewissen USA-Zeitschriften wie 'Life", "Look"... Diese auf Sensation abgestellten

Abb.9 Die Struktur des neuen Dienstes

*Zeitschriften erfreuen sich bei uns... privaten Stellen größter
Beliebtheit und man täuscht sich sehr... gewissen Wert dieser
Nachrichten erkennen wollte. Schon die in ihrem wirklichen
Wert manchmal recht fragwürdigen... Kreise bestimmten Zu-
sammenstellungen, wie etwa Information... der Bezeichnung
"Nachrichtendienst" Abstand genommen, obgleich es sich
doch auch um eine Art Journalismus handelt. Wie verhängnisvoll Berichterstattung in technischen Dingen ist, beweist uns
nicht... sondern sehr deutlich und eindrucksvoll die Gegenwart. Außerdem besteht bereits ein Deutscher Nachrichtendienst... entsprechende Arbeit verrichtet. Den hier angestellten Betrachtungen und Überlegungen zu...* **Benennung der
neuen Reichsstelle "Wissens- Dienst" (WD)...***"*

Diese Bezeichnung konnte bisher in keinem bekannten Nach-
schlagewerk wiedergefunden werden. Es gibt lediglich einen
Hinweis auf die Pflichten Studierender in dieser Zeit, in welchem der Begriff Wissensdienst im Zusammenhang mit dem
Arbeitsdienst genannt wird. Nun erfolgt noch einmal eine konzentrierte Agitation in Form einer Wiederholung sogenannter
Kernsätze:

**Das Neben- und Untereinanderleben der Staaten und
Völker auf dieser Erde zwingt jede lebensbejahende
Staatsführung, sich von den Ausrüstungen, Eigenschaften, Entwicklungen, Maßnahmen und Plänen der übrigen
Staaten und Völker, besonders der starken und fortschrittlichen, genauestens und wahrheitsgetreu zu unterrichten.**
*Der jeweilige Emporstieg einer Nation war immer, außer von
wirklich neuen Ideen, in erster Linie vom rechtzeitigen Erkennen, Erfassen und Auswerten der in der Umwelt vorhandenen
Eigenschaften, Ideen, Plane, Entwicklungen und Experimente
abhängig, während der Zerfall großer Nationen durch das Ver-
kennen solcher Gegebenheiten wesentlich mitbedingt war. Als
lebensbejahendes Volk muss es demnächst unsere höchste
Pflicht und Aufgabe sein, die Erkennung. die Erfassung und*

die Auswertung aller Eigenschaften, Entwicklungen, Maßnahmen, Pläne, Ausrüstungen und Einrichtungen der Umwelt, die unseren eigenen Fortschritt ergänzen und fördern und eine nie dagewesene Größe ermöglichen, schnellstens mit aller Energie und unablässig zu betreiben. Der geplante Dienst wird nur dann seinen Zweck erfüllen, wenn… egoistischen und journalistischen Tendenzen… nüchternen Tatsachen in klarster und konzentrierter… entscheidenden Stellen des Reiches bringt. **Das Wetteifern zwischen Staaten und Völkern ist ein Naturgesetz, an welchem Menschenhand und Menschenhirn kaum etwas ändern werden.** Es kann nicht genügend auf die Tragweite und Auswirkung dieser dringendsten und notwendigsten Maßnahme hingewiesen werden. Die folgenden Betrachtungen und Schlussfolgerungen lassen erkennen, dass das Land und Volk, das dieses schwierige Problem "naturgerecht" in Form organischer Struktur löst, die eindeutige Weltherrschaft in Zukunft erhalten wird… bietet für die 'naturgerechte Einheitsordnung' die günstigsten Voraussetzungen. Möge ihm deshalb auch der verdiente Erfolg infolge der gegenseitigen Befehdung seiner wissenschaftlichen und technisch- wissenschaftlichen Kräfte nicht vorenthalten bleiben.

Um zunächst während der Ausarbeitung und bis zur Einführung einer einheitlichen "organischen Ordnung" eine gemeinsame und brauchbare Klassifikation des Wissens zu haben, wird die zum Teil schon eingeführte internationale Dezimalklassifikation empfohlen. Die vielen Komplikationen, die beim internationalen Dienst durch herausfordernde und abschreckende Bezeichnungen immer wieder hervorgerufen worden sind, **geben Anlass, die neutrale und ents … hende Bezeichnung „Wissensdienst" in Vorschlag zu bringen.**

Die vorstehenden Betrachtungen, Erkenntnisse und Schlussfolgerungen führten zu dem Vorschlag einer Reichsstelle für die Erkennung, Erfassung und Auswertung reichs- und wehrwichtigen Wissens, die im Kriege wie im Frieden unserem Vaterland Dienste erweisen kann. Klare Erkennung der Schwächen sowie deren Behebungsmöglichkeiten durch anregende und... Auslandsentwicklungen ist grundsätzliche Voraussetzung der Reichsstelle. Alle in dieser Hinsicht angestellten Betrachtungen und Überlegungen führten ausnahmslos zur notwendigen Schaffung einer "naturgerechten und organischen Einheitsordnung". Hierin ist eine seit Jahrhunderten verabsäumten Notwendigkeit zu sehen, die, ganz abgesehen von der unvorstellbaren Auswirkung hinsichtlich der qualitativen und quantitativen Leistungssteigerung auch eine genau so starke Förderung der europäischen Einheit zur sicheren Folge hat. Aus diesen Gründen ist im Zusammenhang mit dem WD die Anregung gegeben, die so überaus lebenswichtige und die Zukunft entscheidende "naturgerechte und organische Einheitsordnung" mit allen zur Verfügung stehenden Kräften zu verwirklichen. Somit ist der höchstmögliche Wirkungsgrad eines WD gegeben. Ob der Wissensdienst auch auf Inlandsentwicklungen auszudehnen ist, bleibt den entscheidenden Stellen überlassen und ist von dem etwaigen Erfolg des hier vorgeschlagenen Auslands- Wissensdienstes abhängig. Jedoch ist für die Erkennungsarbeiten des Inlands- Wissensdienstes die genaue Kenntnis der Inland- Entwicklungen ohnehin eine Kleinigkeit, so dass die Erweiterung durchaus begründet ist. Die Arbeit in einem solchen Dienst bietet wenig Aussicht auf Anerkennung, denn schon deshalb kann die geforderte Arbeit nur von charakterfesten Männern durchgeführt werden. Alle anderen Personen mögen... auslösen, aber bei nüchterner Betrachtung den Eindruck des ... können...

Nur durch unermüdliche Arbeit und durch verbissenes Verharren am Weltperiskop kann auf diesem Gebiet etwas geleistet werden. Solange ein derartiges scharfes Auge stetig die Umwelt ... überwacht und durchschaut und die gemachten Beobachtungen und Wahrnehmungen sachlich auswertet, kann ... auch in Zukunft die Überlegenheit und Führung unter den übrigen Völkern sichern.

...   gedruckt in der SS- Artillerieschule 1"

Dieses Dokument lag nicht als Kopie, sondern als auf weißem Papier gedrucktes Original vor. Eventuell einmal vorhandene Unterschriften waren nicht mehr zu entziffern. Dieses scheinbare Endprodukt monatelanger Bemühungen wurde auch nicht bei den persönlichen Unterlagen aufgefunden. Es lag ursprünglich ganz oben auf dem Aktenstapel. Dadurch war es unmittelbar dem Angriff der aggressiven Gülle ausgesetzt und auf Grund des extrem hohen Verschmutzungsgrads nicht näher identifiziert, sondern anhand einer zufällig freigelegten Textstelle bereits als Propagandaschrift verworfen worden. Nun konnten mit großem technischen Aufwand auf den verbliebenen Resten des Deckblatts in Großbuchstaben die Aufschrift "WD", "Wissens-Dienst", „Geheim" und auf der ersten Seite die Bezeichnung „Wissensdienst, Textteil, Kontrollnummer 101" erkannt werden. Die rekonstruierten Seiten stellen nur einen Bruchteil des Dokuments und der Anlagen dar. Nicht ersichtlich ist, wie viele Ausfertigungen dieser Unterlage existierten, wer der Adressat war und wer sonst noch im Verteiler stand. Wahrscheinlich begann die Zählung nicht bei eins, sondern bei einhundert und eins und es war das einzige existierende Exemplar.

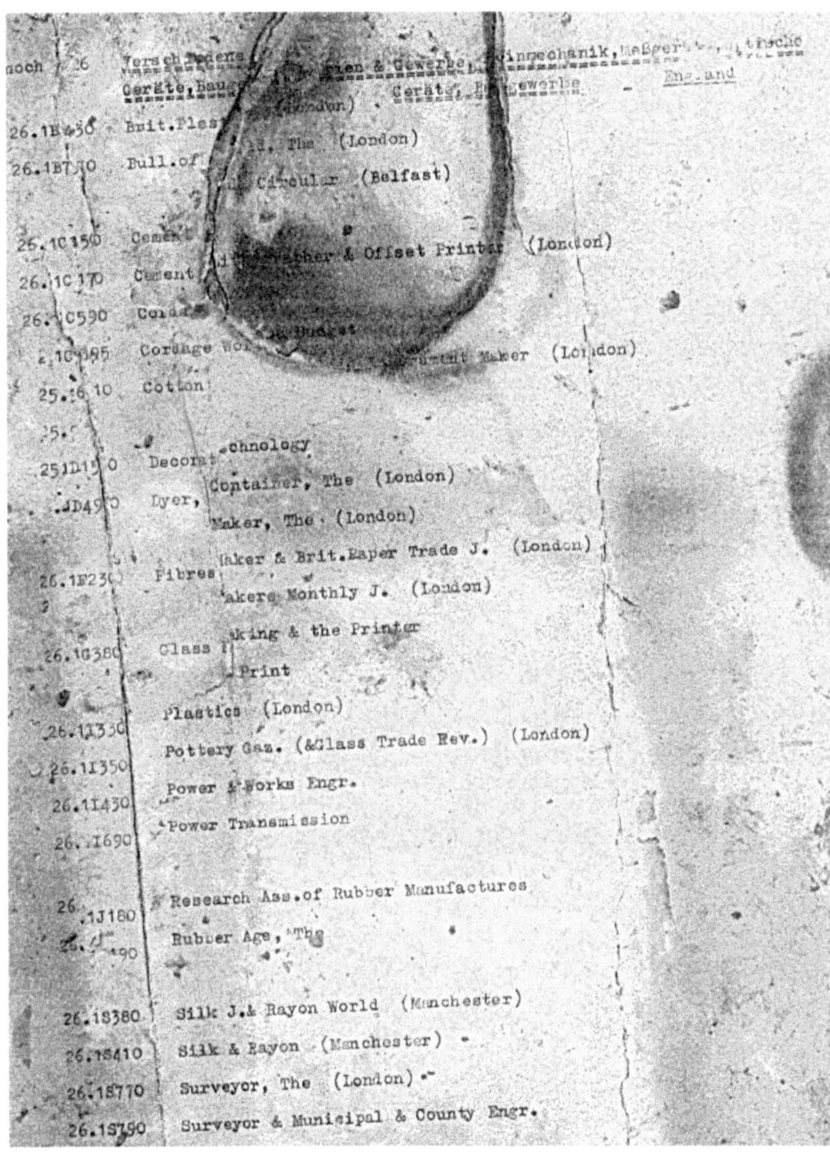

Abb.10 hufeisenförmiger„Papierfraß" durch alle Seiten hindurch.

10. Schwierigkeiten

Es ist nicht bekannt. ob es jemals eine Beratung zu dem rekonstruierten Papier gegeben hat oder ob jemals hierzu eine
Entscheidung gefällt wurde. Die endgültige Fertigstellung
scheint in der ersten Hälfte des Jahres 1944 erfolgt zu sein.
Aber bereits zu Jahresbeginn gab es offenbar erhebliche
Schwierigkeiten, denn auf einem Zettel findet sich folgende
handschriftliche Notiz:
"13.1.44 Fr. Br. 1 1/2-2h gewartet
1. keine Instruktion vom Brigadeführer
2. keine Raume - Umzug - Bodenbelastung
3. keine oder nur wenige Instrumente
4. kein Personal- kein Telefon, wenn ich Personal bekäme,
ginge es auf seine Kosten
Resultat: Keine Aussicht auf ersprießliche Zusammenarbeit
Es stehen keine Zentraleinrichtungen zur Verfügung (Büche-
rei, Werkstatt etc. Was ist wichtiger? 1. Amt VI Plan fertigstel-
len Zeitschriften, Bücherlisten...“

Hier war die alte Tinte leider völlig verblasst.

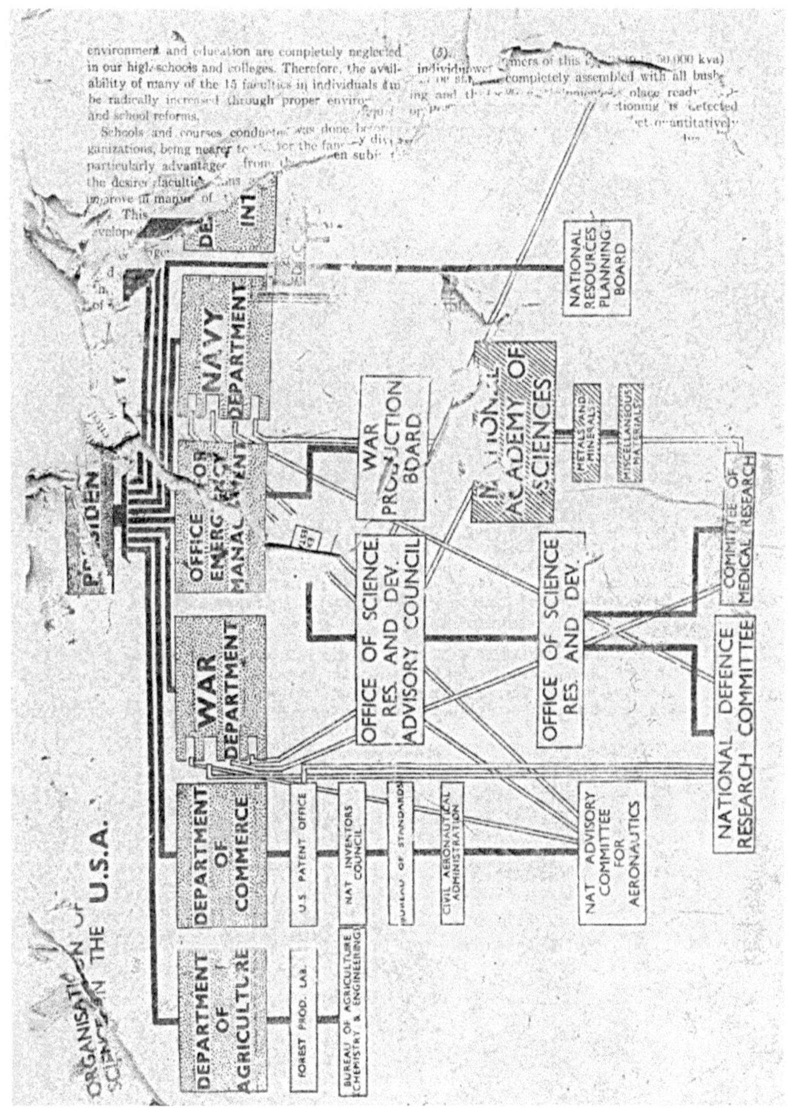

Abb. 11 Die amerikanische „Organisation of Science"

6.

Schrifttumsordnung der DK

(Auszug)

Die zehn Hauptgebiete (s. Textband S. 24)

0. Allgemeines, Bibliographie, Bibliothekswesen
1. Philosophie, Psychologie
2. Theologie, Religion
3. Sozialwissenschaften, Recht, Verwaltung
4. Philologie, Sprachwissenschaften
5. Naturwissenschaften, Mathematik
6. Angewandte Wissenschaften, Medizin, Technik
7. Kunst, Kunstgewerbe, Spiel, Sport
8. Schöne Literatur
9. Geographie, Biographie, Geschichte

Zusammenstellung wichtiger Sondergebiete

1	Philosophie
113/125	Philosophie der Natur (Naturphilosophie)
159.9	Psychologie
16	Logik. Erkenntnistheorie
31	Statistik
33	Volkswirtschaft
355/539	Kriegskunst. Kriegswissenschaft, Heer, Marine, Luftwaffe
355.1	Allgemeines über Heer und Marine
355.2	Aushebung. Aufgebote. Militärische Vorbereitg.
355.3	Organisation der Streitkräfte
355.4	Kriegsoperationen. Kriegsgeschichte (militärisch)
355.5	Dienst und Taktik der einzelnen Waffen
355.6	Heeresverwaltung
355.7	Militärische Anstalten
355.8	Material im Truppendienst
356	Infanterie. Allgemeiner Dienst des Heeres
357	Kavallerie. Motorisierte Truppen
358	Artillerie. Pioniere
358.4	Luftwaffe
359	Seemacht. Kriegsflotte
37	Erziehung und Unterricht. Fachausbildung
38	Handel und Verkehr
51	Mathematik
511	Arithmetik. Zahlentheorie
512	Algebra
513	Geometrie
514	Trigonometrie
515	Darstellende Geometrie
516	Analytische Geometrie
517	Analysis. Differentialrechnung. Integralrechng.
518	Graphische und numerische Verfahren
519	Kombinatorik. Wahrscheinlichkeitsrechnung
52	Astronomie. Geodäsie. Astrophysik
53	Physik
531	Mechanik
532	Mechanik der Flüssigkeiten. Hydraulik
533	Mechanik gasförmiger Körper. Aerodynamik
534	Akustische Schwingungen. Mechanische Schwingungen
535	Optik
536	Wärmelehre
537	Elektrizität
538	Magnetismus. Elektromagnetismus
539	Molekularphysik. Atomphysik. Kernphysik
54	Chemie
541	Theoretische Chemie
541.1	Physikalische Chemie
542	Experimentalchemie
543	Analytische Chemie — Qualitative Analyse
544	Analytische Chemie — Quantitative Analyse
545	Analytische Chemie
546	Anorganische Chemie
547	Mineralogische Wissenschaften
548	Minerographie. Spezielle Mineralkunde
549	Geologie. Geophysik. Meteorologie
55	Biologie
57	Botanik
58	Zoologie
59	Medizin
61	Anatomie
611	Physiologie
612	Hygiene. Öffentliche und private Gesundheitspflege
613	Öffentliches Gesundheitswesen
614	Arzneikunde. Pharmakologie. Therapeutik. Toxikologie
615	Pathologie
616	Orthopädie. Chirurgie. Augenheilkunde
617	Gynäkologie
618	Vergleichende Medizin. Vergleichende Pathologie. Veterinärmedizin
619	Ingenieurwesen. Technik und Industrie im allgemeinen
62	Allgemeiner Maschinenbau. Elektrotechnik
621	Allgemeine Kennzeichen, Teile, Betrieb von Maschinen
621-1/-5	Kennzeichnung nach Antriebsstoff, Bedienung, Wartung, Pflege und Kennzeichnung nach der Betriebskraft von Maschinen und App.
621-6/-9	Theorie des Maschinenbaues. Einfache Kraftmaschinen
621.0	Wärmekraftmaschinen (Allgemeines)
621.1	Hydraulische Maschinen
621.2	Elektrotechnik
621.3	Allgemeine Elektrotechnik
621.31	Elektrische Lichttechnik. Lampen
621.32	Elektrische Zugförderung
621.33	

Abb. 12 Die neue Dezimalklassifikation

11. Der Dienst beginnt mit der Arbeit

Im ersten Halbjahr 44 beginnt der Dienst aber anscheinend doch zu arbeiten. Er umfasst außer dem Leiter offensichtlich 15 Personen, welche von Januar 44 bis Juli 44 kontinuierlich eingegliedert werden, darunter:

WD

z.b.V Uscha G.L. ab 19.1.44
Kartei Stm. K.K. ab 18.4.44
Allg. Z.Ang. W.G.ab 12.6.44
Allg. Schtz. L.H. ab 14.6.44

Beuteauswerter Labor
Oscha. G.E. ab 1.3.44

Mitarbeiter für Werkstatt- Reparaturarbeiten
Oberkan. W.W. ab 21.4.44

Mitarbeiter für Werkstatt- Feinarbeiten
Rottf.   H.W. ab 1.6.44

Labor Ingenieur
Kan. M.R. ab 1.6.44
Dipl.Ing. Z.Ang. M.E. ab 14.6.44
Ingenieur Kan.   M.G. ab 14.6.44

Verantwortlicher für Personal und Industrie- Sonderaufgaben
Schtz.   O.G. ab 13.7.44

Zeichner
Uscha G.F. 1.3.44 bis 30.6.44
Z.Ang, H.I. ab 3.7.44

sprachkundige Stenotypistin
Z.Ang. L.E. ab 1.4.44

Ordonnanz
Kan. E.B. 3.6.44 bis Jan.45

Über die exakte Einordnung des Dienstes in das Führungshauptamt gibt es keine schriftlichen Hinweise. Das Amt VIII
hatte folgende Struktur:

  SS- Führungshauptamt T.-Amt VIII FEP

Amtschef: SS-Gruppenführer Dr. Schwab
Ord.Offz.: SS- Hauptsturmführer K.
Referat A: Dr.M.; Dr.D.; G.; v.M.
Referat B: Dr.S.; K.; R.
Referat C: R.; Z.
Referat D: D.
Referat E: P.; W.
Referat F: Dr.D.

Abt 1 Dr.B.; E.; J.; Dr.N.; Dr.D.
Abt.2 L.; M.; N.
Abt 3 Dr.F.; Dr.S.; B.
Abt.4 Dr.L.; Dr.B.; M.
Abt 5 G.
Abt.6 R.; P.
Abt 7
Abt.8 Dr.S.; Dr.N.; S.-H.

Einzelne Initialen erscheinen mehrfach in Referaten und Abteilungen. Eine Ausnahme bildet die Abteilung 2. Hier dürfte neben dem Forschungslabor auch die zentrale Informationsabteilung gewesen sein. Der Dienst befasst sich anscheinend zunächst vorwiegend mit der Wissensaufarbeitung und -bereitstellung. Listen mit Standorten technischer Literatur in deutschen und anglo- amerikanischen Bibliotheken und Betrieben liegen vor. Weitere Listen für wissenschaftlich- technische Zeitschriften dienten folgenden Zwecken:

"1.Schnelle und eindeutige Bestandsübersicht aller im Reich vorhandenen technisch- wissenschaftlichen Zeitschriften aus England und USA
2.Sofortige Feststellung des Aufbewahrungsortes dieser Zeitschriften
3.Laufende Nachtragungsmöglichkeit aller im Deutschen Reich neu eintreffenden Zeitschriften"
Weiterhin gestatteten die Listen einfachste Benachrichtigung zwischen Auftraggeber, Beschaffer und Verwerter.

"Die WD-Nummer der betreffenden Zeitschrift ermöglicht hierbei einfache, schnelle und geheime Benachrichtigung.
Erklärung der WD-Nummer: Beispiel: Zeitschrift: General Electric Review. WD- Nr. 14.96250 Erste Ziffer (14) = Sachgebiet. in weichem die Zeitschrift nach der Sachgebietsordnung eingereiht ist. Zweite Ziffer (9) = Bezeichnung für das Land. wo die Zeitschrift erscheint. Buchstabe (G) = Bezeichnung der Einreibung in die alphabetische Ordnung
Endziffern (250) = Nummer der Zeitschrift in der laufenden Ord... Es sind regelmäßig Schriftenankündigungsblätter geplant, in der lediglich die WD-Nummer und das entsprechende Datum oder die Zeitschriftennummer erscheint. Auf Grund der Ankündigungsblätter können Auftraggeber, Beschaffer und Verwerter laufend ihre Zeitschriftenlisten zeitentsprechend... Geheime Beschaffungsaufträge können ebenfalls mittels WD-Nummer..."

Kontinuierlich werden nun Bücher bestellt und eine Kartei angelegt, welche nach grober Schätzung etwa 1200 Exemplare umfasst haben dürfte. Es handelt sich überwiegend um rein wissenschaftliches Schriftgut, insbesondere aus dem Bereich Mathematik, Physik, Elektrotechnik, Hochfrequenztechnik, Chemie, Maschinenbau, vorwiegend aus normalen Buchhandlungen. Militärtechnische und sonstige Literatur wurden in weit geringem Umfang entdeckt. Eine Stichprobe aus der Kartei, entnommen aus dem ersten Viertel des Gesamtbestands, gibt einen guten Überblick:

"Was soll ich studieren?
Wissen und Charakter
Der Mensch in der Leistungserziehung
Die Dokumentation und ihre Probleme
Technik des wissenschaftlichen Arbeiters
Anleitung zum wissenschaftlichen Denken
Das ist Norm – Heft 6
Verdeutschung technischer Fremdwörter
Narrenspiegel der Statistik
Statistisches Taschenjahrbuch der Weltwirtschaft 40, 41
Raum, Wirtschaft, Volk, Staat
Nauticus. Jahrbuch für Deutschlands Seeinteresse 1942 u.44
Der Fliegerschütze. Handbuch für den Dienstunterricht
Der Flieger, Dienstunterricht in der Fliegertruppe
Handbuch der akademischen Berufsausbildung
Maschinen- Bau Studiengang, Berufswege
Kernfragen der Erfindungskunde für Gefolgschaftserfinder
Taschenbuch für Erfinderbetreuer 1943
Technische Kunstgriffe bei physikalischen Untersuchungen
Taschenbuch für Chemiker u. Physiker 1943

Lehrbuch der Experimentalphysik 1943
Max Planck und die Begründung der sogenannten theoretischen Physik
Analogie, Physik. Grundgesetze der Wissenschaft Experimentalphysik 1942
Lehrbuch der Physik "Materie und Äther' 1936
Einführung in die theoretische Physik
Die Physik und das Geheimnis des organischen Lebens
Die Physik des 20. Jahrhunderts
Lehrbuch der praktischen Physik
Handbook of Chemistry and Physics
Wandlungen in den Grundlagen der Naturwissenschaften
Energie und Stoff Physikalische Formelsammlung
Das naturgesetzliche Weltbild der Gegenwart
Umsturz im Weltbild der Physik
Die Mathematik des Naturforschers und Ingenieurs
Heavasides Operationals Calculus
Die Theorie der Besselschen Funktionen
Höhere Mathematik
Vektorrechnung
Mathematik des Steuermannes
Mathematische Raumbilder
Aufgabenstellung zur Funktionstheorie
Integralrechnung Differentialgleichungen
Funktionstafeln mit Formeln
Partielle Differentialgleichungen
Analytische Geometrie
Laplace-Transfonnation
Mathematik für Funktechniker
Einführung in die Bildmessung
Die Windkanäle in Langley Field"

Von allen angelieferten Büchern gehen jeweils 5 Exemplare an die Bibliothek in Glau und 1 Exemplar an das LGW. Einige Bücher werden gelesen und ausgewertet. Ein Mitarbeiter hat wohl keine andere Wahl, als das pseudowissenschaftliche Geschreibsel eines Kollegen für bare Münze zu nehmen und notiert, leider kritiklos, wie viele seiner Zeitgenossen, zum Inhalt einer nicht mehr erkennbaren Quelle:

> *"S. 142 In der Wissenschaft Eugenik schlägt O. die Sterilisation als Lösung vor.*
> *S. 145 Der primitive Mensch tat es mit einem Knüppel "*

Großes Interesse gilt der Literatur über die Raumfahrt. Nach Pibrans, Böhmen - Mähren wird deshalb eine Wunschliste geschickt:

"In der Anlage übersendet das FHA eine Liste mit Literatur... Rückstoßantriebe. Nach Rücksprache mit... gebeten, dem Amt mitzuteilen, ob diese Literatur bekommen kann bzw. ob von dort aus... gestellt werden kann."

Auf dieser Liste stehen auch Werke von Rynin (Leningrad). Kondradjuk (Nowosibirsk) und Perelmann (Moskau). Für die Beschaffung von Literatur ist auch das "Sonderbataillon Kühnsberg" zuständig. welches dem Amt russische Veröffentlichungen physikalisch- und chemisch- technischer Art zur Verfügung stellt.
Etwa ab Oktober 1944 sind Entleihungen des Bestandes nachweisbar. In ca. 400 untersuchten Karteikarten waren etwa 30 Entleihungen eingetragen, die auf 12 Mitarbeiter des Amts sowie eine Abteilung Ballistik lauteten. Die letzte aufge-

fundene Eintragung einer Buchrückgabe trägt das Datum 12.2.45.

Es gibt neben der reinen Wissensbereitstellung aber auch noch eine direkte technische Forschungstätigkeit.

So erfolgt eine intensive Beuteauswertung und eine Untersuchung der vorgefundenen Röhrentechnik. Ein Notizzettel enthält folgende Aufzeichnung:

Laborbetrieb: 1 Schüttelmaschine, 1 Drehtisch, 1 Kälteschrank, 1 Wärmeschrank, 6 Nullgalvanometer mit Vorsätzen, 2 hoch empfindliche Galvanometer, 5 Strommesser, 6 Mehrfach- Instrumente für Strom und Spannung.

Die Ausrüstungen deuten auf die Durchführung von Belastungstests an empfindlichen Bauelementen, insbesondere der Elektronik für Raketensteuerungen, hin. Hiermit waren allerdings nur Versuche in kleinem Maßstab möglich.

Die folgenden, losen Zettelnotizen tragen kein Datum:

Nebel - Peenemünde:
Willi Spieß SS-Hauptstf.
Prof. Fr. v. Braun
Prof. Oberth

Und an anderer Stelle die charakterisierenden Bemerkungen:
Böhm - Vertreter v. Prof. Küpfmüller bei General Fellgiebel - Vorsicht
Prof. Bergmann — gut und ehrlich
Prof. Esau – ehrgeizig, benutzt andere Gedanken

Weshalb hier vor einem Stellvertreter Böhm gewarnt wird, ist völlig unklar. Es handelt sich um die Monate vor dem Attentat, und es wäre denkbar, dass die heimlichen Absichten General Fellgiebels dem Schreiber bekannt geworden waren.

Bei dem als „gut und ehrlich" Bezeichneten könnte es sich, dem Fachgebiet nach, um Prof. Ludwig Bergmann gehandelt haben. Dessen persönliche Einstellung ist zwar nirgends erwähnt, aber er arbeitete und schrieb mit Clemens Schäfer zusammen. Schäfer war, wie auch Conrad Adenauer, Mitglied im katholischen Studentenverein Arminia, der für seine ablehnende Haltung gegenüber dem NS-Regime bekannt war.

Geforscht wird auch auf dem Gebiet der Funkmesstechnik und deren Störung durch Tarnmaßnahmen. Auf Rügen wurden im Herbst 1944 Vergleichsmessungen der verschiedenen Radargeräte durchgeführt und die Wirkung der Verdüppelung eingeschätzt. Die letzte aufgefundene Eintragung auf einer Auswertungszeichnung trägt das Datum 5.3.45. Ein späteres Datum konnte in den aufgefundenen Unterlagen nicht nachgewiesen werden. Vermutlich werden zu diesem Zeitpunkt alle Arbeiten eingestellt.

1944	1945	WD-Nummer und
		14.9E420 Electrics Suppl. to Engineering
		14.9E530 Electrical West
		14.9E540 Electrical World
		14.9E590 Electronics
		14.9G250 General Electric Rev.
		14.9J610 J. of the Franklin Inst.
		14.9J670 J. of the Instn. of Electrical Engrs.
		14.9M890 Monthly Rev. of the Amer. Electro-Platers Soc.
		15.1B370 Brit. J. of Radiology
		15.1J940 J. of the Television Soc.
		15.1M130 Marconi Rev.
		15.1R190 Radio Times
		15.1R230 Radiography
		15.1S310 Sight & Sound

Abb. 13 Ein WD-Formular für 1944 und 1945

12. Das Ende

Im März 1945 nähert sich die Sowjetarmee mit Panzern von Süden her der Einrichtung. Fieberhaft werden Literatur, Klassifikation und Kartei zusammen mit transportablen Laborausrüstungen aus dem Forschungslabor in luftdichte Blechkisten verpackt und abtransportiert. Das Gelände in Glau kann von den sowjetischen Streitkräften schnell erobert werden. Die Sowjets quartieren sich ein. Erst nach 50 Jahren kann der einstige Eigentümer, die Johannische Kirche, wieder über seinen Besitz verfügen. Er findet nichts mehr vom FHA vor. Von den Sowjets eventuell noch aufgefundene Unterlagen liegen heute vielleicht noch in einem Archiv in Russland. Nach der Wende werden auf dem Gelände der Friedensstadt nur ein paar Kisten mit lokalem topografischem Material ausgegraben. Angeblich werden in den fünfziger Jahren Dokumente aus russischen Archiven an die DDR zurückgegeben. Ob das Ministerium für Staatssicherheit Konzepte dieses Amts erhält und die Ausführungen vielleicht sogar für die Gestaltung der sozialistischen Planwirtschaft nutzt, ist nicht bekannt. Allerdings werden einige der benannten Probleme, insbesondere die Vermeidung von Parallelentwicklungen und die Standardisierung von Bauteilen, in der DDR und der UdSSR strikt umgesetzt. Das Landesarchiv in Potsdam verfügt angeblich über keinerlei Material aus dem Führungshauptamt. Die Umstände, die zur Vergrabung des technischen Geräts und der Kiste mit der eingeprägten Inschrift "Waffen-SS" und der zusätzlich mit weißer Farbe außen am Deckel aufgebrachten Bezeichnung "Abt. 2" und "72", hier auf einem Privatgrundstück in Sachsen- Anhalt führten, sind bis heute nicht geklärt. Das betreffende Grundstück war bis zum Kriegsende Eigentum der Familie von Wu. Der

Herr von Wu., ein Luftwaffenoffizier, hatte sich im Jahre 1940 erschossen. Über eine Liebesbeziehung der Witwe oder eines künstlerisch tätigen Mitglieds der Familie zu einem Mitarbeiter des Amts VIII wird gemunkelt. Die Kiste 72 war bei ihrer Auffindung nicht verschlossen. Dem Inhalt beigefügte persönliche, täglich benötigte Gegenstände, wie Rasierzeug, Seife und Zahnbürste, lassen klar erkennen, dass ein Verbergen ursprünglich nicht geplant war. Ungeachtet dessen erfolgte diese Verbergung mit hoher Sorgfalt. Vermutlich nachts, vergrub eine Einheit das Material und Labortechnik tief auf der damaligen Wiese und stellte ein Würzburg-Radargerät auf dem ummauerten Hof der angrenzenden Schäferei unter. Nach alten lokalen Aufzeichnungen brachte der Winter des letzten Kriegsjahres im Januar und Februar vor Ort sehr niedrige Temperaturen. Das Erdreich war tief gefroren. Im März setzte allerdings schnelles Tauwetter ein. Es ist anzunehmen, dass die Verbergung im März erfolgte, vielleicht, nachdem die Saalebrücke gesprengt worden war. Es ist bisher nicht bekannt, ob die SS für die Verrichtung der schweren Erdarbeiten Zwangsarbeiter oder KZ-Häftlinge rekrutierte. Der Arbeitsaufwand entsprach etwa dem Aushub für drei separate Sargbestattungen.
Auf dem erwähnten Grundstück in Sachsen Anhalt fand sich trotz intensiver Nachsuche mit modernster Technik kein weiteres Schriftgut. Die Kisten-Nummer 72 gibt aber Grund zu der Annahme, dass damals die gesamte Bibliothek und die transportable Labortechnik unterwegs waren und mit hoher Wahrscheinlichkeit ihr Zielgebiet nicht erreichten. Dieses Zielgebiet lag im Südwesten. Naheliegend waren die Stassfurter Salzstollen, wo nicht zuordnungsfähige Buchbestände entdeckt wurden. Auch Harz oder Thüringen kommen in Frage, während Suddeutschland schon nicht mehr erreichbar war. Der

Verbleib der weiteren Bücherkisten sowie die Schicksale der Mitarbeiter des Forschungslabors und des Wissens- Dienstes der Abteilung 2 sind unbekannt. Es ist nicht auszuschließen, dass bereits vergrabene Objekte wieder geborgen und ab- transportiert wurden, da es im Umfeld des Fundorts Spuren alter offener Gruben gibt. Vielleicht hat man die Kiste 72 auf Grund ihres brisanten Inhalts oder ihrer späteren Unzugäng- lichkeit an ihrem Ort belassen. Ein Mitarbeiter der Abteilung 2, die einstige Ordonnanz, hat im Jahre 1999 noch gelebt. Der Herr hatte aber schon im Januar 1945 die Dienststelle in Glau verlassen, kam dann nach Sibirien und konnte deshalb nichts zur Auflösung des Amtes sagen. Den in Sachsen- Anhalt häu- fig anzutreffenden Gerüchten über transportierte und vergra- bene Behälter, darunter auch solche mit Büchern, sowie über aufgefundene leere Wehrmachtskisten in verschiedenen, rela- tiv weit vom Fundort entfernten Ortschaften, wird noch nach- zugehen sein.

13. Eine grausige Entdeckung

Auch sterbliche Reste von Menschen gab das Erdreich frei. In einem nahen Wäldchen fand man schon kurz nach Kriegsende die nur oberflächlich verscharrten Leichen von ermordeten KZ-Häftlingen. Jahrzehnte später kamen beim Ausschachten eines Kabelgrabens in einiger Entfernung vom Fundort der Kiste ebenfalls menschliche Überreste zum Vorschein. Sie wurden vom damaligen Kreisarchäologen im polizeilichen Auftrag fachgerecht freigelegt und dokumentiert. Zwei Personen, von denen eine schwerste Wirbelverletzungen durch einen scharfen Gegenstand aufwies, welche allerdings auch beim Vergraben entstanden sein können, waren gewaltsam in eine enge Grube gestopft und in geringer Tiefe verscharrt worden. Die Beine einer Person hatte man über die Schulter der anderen gelegt. An den Füßen waren noch Reste grober lederner Arbeitsschuhe bzw. Damenschuhe erkennbar. Alle Kleidungsstücke außer einem Strumpf- oder Gürtelhalter waren vergangen. Ein Gebiss enthielt noch einen Goldzahn. Als einzige Beigabe wurden einige nadelähnliche Gegenstände gefunden, die mit hoher Wahrscheinlichkeit zu einem Zeichengerät gehörten. Der Fund konnte anhand des Schuhwerks in die Zeit des zweiten Weltkriegs datiert werden. Es ist bisher nicht bekannt. ob zwischen den beiden Fundorten ein Zusammenhang besteht, ob hier vielleicht die Hilfskräfte der Vergrabungsaktion, ertappte Zeugen oder sogar zivile Laborangehörige als unerwünschte Mitwisser beseitigt wurden.

14. Ein Besuch in Siemensstadt

Es wird erzählt, dass vor Jahren ein Verwandter eines Mitarbeiters des Amtes noch einmal die alte Dienstwohnung in Berlin- Siemensstadt aufgesucht haben soll. Versuche, diesen Verwandten oder zumindest dessen Namen ausfindig zu machen, um persönliche Gegenstände zurückzugeben und vielleicht noch etwas über die damaligen Vorgänge zu erfahren, zeigten bis zum Redaktionsschluss im Jahr 2000 keinen Erfolg. Es wäre nicht auszuschließen, dass der Mitarbeiter des Amtes damals im Rahmen der Aktion Paperclip mit vielen anderen Wissenschaftlern in die USA ging. Vielleicht hat er wieder an der Entwicklung von Steuerungselementen von Raketen mitgewirkt, zu einer Zeit, wo seine einstige Ordonnanz, stellvertretend für die SS, in Sibirien seine Strafe verbüßen musste.

Schlussbetrachtung

Das analysierte Material gibt manches Rätsel auf. Wissenschaftlich-technische Mitarbeiter des Technischen Amts im Führungshauptamt der später zur verbrecherischen Organisation erklärten Waffen-SS schlagen in den schlimmsten Tagen des nun schon vergangenen Jahrhunderts Wege vor, wie mit organisatorischen Mitteln unter Vermeidung von offenen Gesetzesverletzungen noch etwas für "das Volk" gerettet werden könnte, was längst nicht mehr zu retten ist und halten dafür den Staatslenkern gnadenlos einen Spiegel vor das Gesicht. Ihr Ziel ist zweifelsfrei ein erfolgreicher Ausgang des Krieges. Sie weisen eine Art von Dolchstoßpolitik gegenüber der kämpfenden Truppe nach und greifen indirekt die Staatsführung als auch direkt die Direktoren großer Betriebe und sogar den deutschen Geheimdienst an. Sie erwähnen beiläufig, dass im Gegensatz zu den Gepflogenheiten der damaligen Gegner die öffentlichen diplomatischen Vertretungen Deutschlands im Ausland kaum Spionage betrieben und die zuständigen Wehrmachtsstellen nur "Abfall" lieferten. Dafür sollte nun ein neuer Dienst nach US-amerikanischem Muster mit „charakterfestem" Personal diese Aufgabe übernehmen. Das bruchstückhaft vorgefundene Schriftgut zeichnet sich durch nüchterne Sachlichkeit unter auffälliger Vermeidung nationalsozialistischer Ausschmückungen aus. Erst in der Endfassung des WD-Konzepts wird zum Mittel der politischen Agitation gegriffen, wobei auffällt, dass zwar von Volk und Reich, aber nie vom "Führer" die Rede ist. Die geführten Attacken sind teilweise von einer Heftigkeit, die sicherlich Andere vor den Volksgerichtshof oder das Kriegsgericht gebracht hätte. Kritik am Diktator-Prinzip deutscher Prägung und Lob der Vorzüge demokratischer Verhältnisse erfolgen durch Einbindung einer US-amerikanischen Veröffentlichung. Es scheint so, als ob nicht nur der Dienst, sondern die amerikanische Gesellschaft als Vorbild für eine neue deutsche Nachkriegsordnung dienen sollte, in welcher für einen Diktator kein Platz mehr war. Wie groß der Kreis der Mitwirkenden und Mittwissenden war, der ungestört über solche Dinge reden durfte und der vielleicht sogar Kenntnis von realen Attentats- und Umsturzplänen hatte, wird wohl für immer ein Geheimnis bleiben.

**„Das Wetteifern zwischen Staaten und Völkern
ist ein Naturgesetz, an welchem Menschenhand
und Menschenhirn kaum etwas ändern werden"**

*Entstanden vermutlich unter Federführung eines 1939 aus USA
zurückgekehrten deutschen Wissenschaftlers.*